Drinnen
spielen

Henriette Bunne
Annette Overkamp

Drinnen spielen

111 Ideen für
Schlechtwettertage
mit Kindern

 Eichborn.

1 2 3 4   04   03   02

© Eichborn AG, Frankfurt am Main, Oktober 2002
Lektorat: Oliver Thomas Domzalski
Umschlaggestaltung: Moni Port
Layout: Tania Poppe
Gesamtherstellung: Fuldaer Verlagsagentur, Fulda
ISBN 3-8218-3954-6

Verlagsverzeichnis schickt gern:
Eichborn Verlag, Kaiserstr. 66, D – 60329 Frankfurt am Main
Besuchen Sie uns im Internet: www.eichborn.de

Inhalt

Vorwort

Mit Bangen blicken vor allem Eltern den kalten Tagen entgegen, wenn es draußen stürmt und schneit oder Bindfäden regnet und nicht daran zu denken ist, den Tag im Freien verbringen zu können. In solchen Momenten stellt die Frage der lieben Sprösslinge »Was machen wir denn heute?« eine große Herausforderung dar.

Nur die wenigsten Familien sind glückliche Besitzer einer klimatisierten Schwimm- oder Turnhalle, in dem das hemmungslose Toben und Tollen der Kinder nicht zur Marter der gesamten Nachbarschaft wird. Jetzt heißt es ausgefallene Spiel- und Beschäftigungsideen parat zu haben, die die Eltern nicht zu Animateuren im Dauereinsatz machen, die Kleinen aber zu Fantasie und eigenständigem Spiel anregen. Jahrelange Beobachtung der eigenen Kinder im Spiel mit ihren Freunden und die Erfahrungen aus ihren Kindergartenjahren waren für dieses Buch eine nahezu unerschöpfliche Quelle für die Zusammenstellung abwechslungsreicher Aktivitäten, die Kindern wirklich gefallen – und das immer wieder. Es sind – zugegebenermaßen – auch Unternehmungen darunter, bei denen es nicht immer leise zugeht, bei denen auch mal ein großzügiger Flur oder ein geräumigeres Wohnzimmer statt des zugebauten Kinderzimmers herhalten müssen oder bei denen die Küche im Anschluss vielleicht nicht immer blitzblank aussieht. Es sind aber – das sei zur Beruhigung gesagt – auch keine Beschäftigungsanregungen, die anschließend eine Grundsanierung der Wohnung notwendig machen oder zum Tragen eines Lärmschutzes zwingen. An Schmuddeltagen hat man als Eltern ohnehin keine Wahl: Wenn der Nachwuchs artig sein soll und nur »vernünftige« und ruhige Spiele betreiben darf, werden alsbald Endlosnörgeleien wegen quälender Langeweile die Folge sein und der Ruf nach Fernsehen und noch mal Fernsehen gerät immer lauter. Dem will man als ambitionierter Erziehungsberechtigter natürlich nicht nachgeben. Also ist es das Beste und letztlich für die Kinder auch die kreativere Variante, man lässt ihnen auch innerhalb der häuslichen vier Wände ein Höchstmaß an Freiheit und ermöglicht ihnen so ausgefallene und abwechslungsreiche Beschäftigungsmöglichkeiten, wie sie in diesem Buch vorgestellt werden. Das heißt natürlich nicht, dass Sie jedes Mal, wenn die Kinder das verlangen, Ihr Wohnzimmer räumen müssen. Aber es ist durchaus ratsam, doch auch öfter ein Auge zuzudrücken, wenn die Kleinen sich nun mal unbedingt ein Spiel ausgesucht haben, zu dem sie mehr Platz benötigen, als ihr Kinderzimmer hergibt. Belohnt wird solche Toleranz und Gelassenheit am Abend, wenn man auch an Schlechtwettertagen zufriedenen und ausgeglichenen Kindern einen Gutenachtkuss geben kann.

Wir wünschen Ihnen und Ihren Kindern Regentage ohne Langeweile!

Henriette Bunne und Annette Overkamp

Bühne frei

Große wie kleine Kinder lieben Theater, ganz gleich ob sie Zuschauer sind, selbst eine Rolle übernehmen oder ob ihnen der Kasperl etwas vorspielt. Sogar die eigenen kleinen Finger bieten sich hervorragend als Schauspieler an. Entscheidend ist, dass man beim Theaterspielen in eine andere Rolle schlüpfen darf und Dinge sagen und tun kann, die einem sonst vielleicht untersagt sind. Besonders pfiffige Darsteller haben keine Mühe, sich selbst eine kleine Geschichte auszudenken, die sie mit Kasperlepuppen oder selbst in entsprechender Verkleidung ihrem Publikum vorführen möchten. Wir haben aber auch für die unterschiedlichen Theaterformen einige Geschichten aufgeschrieben, die von Schulkindern eigenständig inszeniert werden können oder eben mit Hilfe der Eltern bzw. Erwachsener.

Theater

ab 6 Jahren

Jeder kennt die Geschichte von *Peter und dem Wolf* oder das Märchen *Rotkäppchen*. Sicher hat der eine oder andere diese Geschichten schon einmal in einer Theateraufführung erlebt, aber bestimmt noch nicht selbst zu Hause aufgeführt. Man braucht natürlich ein wenig Fantasie, um sich vorzustellen, dass das heimische Hoch- oder Etagenbett ein Baum ist, auf den der Peter mit dem Seil klettert, oder dass der Kinderzimmerteppich ein Teich ist, in dem die Ente schwimmt. Für Kinder ist das jedoch zweifellos kein Problem. Wer zu Hause über eine Verkleidungskiste verfügt, kann sich den Rollen entsprechend passend ausstaffieren. Ansonsten bittet man die Eltern, ob man aus deren oder dem eigenen Kleiderschrank einige Kleidungsstücke verwenden darf. Und dann kann es schon losgehen. Entweder alle Darsteller überlegen sich gemeinsam, wie das Stück inszeniert werden soll, oder – wie im richtigen Schauspielhaus – man bestimmt einen als Regisseur. Anschließend legt man fest, wer welche Rolle übernimmt, wenn das nicht schon während des Verkleidens ausgemacht wurde. Damit die Schauspieler ihre Sprechrollen schnell einstudieren können, liest man zunächst einmal gemeinsam den Text. Man kann natürlich auch vorher die Geschichte entsprechend der Anzahl der Rollen kopieren und die Darsteller lesen den Text ab. Eine andere Möglichkeit ist aber auch, sich selbst auszudenken, was man sagen möchte, denn die Grundgeschichte ist ja bekannt. So kann man das Spiel noch spannender gestalten.

Peter und der Wolf
Es spielen mit:
Peter
ein Vogel
eine Ente
eine Katze
ein Wolf
der Großvater
einige Jäger

Peter tritt aus einer geschlossenen Zimmertür (Gartentor) herein. Er pfeift und schaut in den Himmel.

PETER: Was für ein schöner Morgen! Da will ich doch gleich einen Spaziergang über die herrlich grüne Wiese zum Teich machen.

*Auf dem Hoch- oder Etagenbett (hoher Baum) sitzt der kleine Vo-
gel und zwitschert vergnügt sein Morgenlied.*

VOGEL: Wie still es ringsum ist.

*Hinter dem Vorhang (Gebüsch) kommt die Ente hervorgewatschelt
und läuft auf den Teppich (Teich) zu. Der Vogel kommt vom Hochbett auf den Teppich herunter.*

VOGEL: Was bist du für ein Vogel, wenn du nicht fliegen
kannst.

ENTE: Was bist du für ein Vogel, wenn du nicht schwimmen
kannst.

Mit einem Satz springt die Ente auf den Teppich.
*Plötzlich macht Peter große Augen. Er sieht die Katze hinter dem
Vorhang hervorkommen und auf den Teppich zuschleichen.*

KATZE: Der Vogel streitet sich mit der Ente, da werde ich ihn
mir gleich fangen.

PETER *(ruft dem Vogel zu)*: Hüte dich!

*Der Vogel klettert schnell wieder auf das Hochbett hinauf. Die Ente
auf dem Teppich quakt aufgeregt die Katze an, die am Rand des
Teppichs sitzt. Die Katze schleicht zum Bett und streckt ihre
Vorderpfoten an der Leiter hoch.*

KATZE: Lohnt es sich, so hoch hinaufzuklettern? Wenn ich
oben bin, ist der Vogel doch schon weggeflogen.

Der Großvater kommt durch die Zimmertür.

GROSSVATER: Hat der Peter die Gartenpforte wieder offen gelassen. Das ist gefährlich. Wenn nun der Wolf aus dem Walde kommt, was dann?

Er nimmt Peter an der Hand, führt ihn durch die Zimmertür und schließt diese hinter sich. Peter öffnet die Tür wieder und bleibt gegen den Türrahmen gelehnt stehen.

PETER: Jungen wie ich haben doch keine Angst vor dem Wolf!

Hinter dem anderen Vorhang kommt der Wolf hervorgeschlichen. Die Katze klettert schnell auf das Hochbett hinauf – in einiger Entfernung von dem Wolf. Die Ente läuft aufgeregt vom Teppich herunter, der Wolf jagt hinter ihr her und schnappt sie. Die Ente verlässt die Szene.
Der Wolf schleicht vor dem Hochbett auf und ab, hungrig knurrend.

WOLF: Ha, da oben sitzen ja noch zwei herrliche Leckerbissen.

Peter beobachtet die Szene von der Zimmertür aus.

PETER: Den bösen Wolf werde ich mir schnappen. Na warte!

Er läuft durch die Zimmertür in den anderen Raum und holt ein langes Seil. Vom Wolf unbemerkt klettert er auf das Hochbett hinauf.

PETER: Flieg hinab, kleiner Vogel. Und dem Wolf immer

dicht an der Nase vorbei, aber sei vorsichtig, dass er dich nicht fängt.

Der Vogel lässt seinen Arm vom Hochbett herunterhängen und schwingt diesen immer dicht vor dem wütend schnappenden Wolf hin und her. In der Zwischenzeit fängt Peter mit dem Seil einen Arm des Wolfes und zieht die Schlinge zu.

VOGEL: Fang mich doch, böser Wolf, fang mich doch!

Peter verknotet das andere Ende des Seiles am Hochbett. Da ertönen Schüsse hinter den Vorhängen, ein oder zwei Jäger treten hervor.

PETER: Es lohnt sich nicht mehr zu schießen. Der kleine Vogel und ich haben den Wolf doch schon gefangen! Helft uns nun, ihn in den Zoo zu bringen.

Die Katze, der Vogel und Peter kommen vom Hochbett herunter. Peter macht das Seil vom Bett los und führt den Wolf an der kurzen Leine. Der Großvater tritt durch die Zimmertür. Nun beginnt ein Triumphzug durch die ganze Wohnung: vorneweg Peter mit dem Wolf, dahinter die Jäger, dann der Großvater mit der Katze. Der Vogel läuft mit auf und ab schwingenden Flügeln neben dem Zug her.

VOGEL: Seht nur, was wir beide, Peter und ich, gefangen haben!

GROSSVATER: Aber wenn nun Peter den Wolf nicht gefangen hätte – was dann?

Die Ente quakt leise zum Abschluss des Stückes.

Rotkäppchen
Es spielen mit:
Rotkäppchen
der Wolf
die Mutter
die Großmutter
der Jäger

Rotkäppchen steht mit einem roten Samtkäppchen (ersatzweise eine rote Mütze oder ein Kopftuch) vor dem Spiegel. Die Mutter stopft gerade einen Strumpf.

ROTKÄPPCHEN: Dieses Käppchen, das Großmutter mir geschenkt hat, ist wunderschön. Alle meine Freunde nennen mich nur noch Rotkäppchen, Mutter.

MUTTER: Das ist aber lustig. Na, dann will ich dich fortan auch nur noch Rotkäppchen nennen, mein Kind. Wo du gerade von der Großmutter sprichst. Sie ist sehr krank und muss das Bett hüten. Ich habe ihr einen Kuchen gebacken. Lauf doch rasch zu ihr und bring ihr Kuchen und Wein. Das wird ihr gut tun.

ROTKÄPPCHEN: Die arme Großmutter. Gib mir doch gleich den Korb mit den Sachen, ich will mich sofort auf den Weg machen.

Die Mutter gibt Rotkäppchen einen Korb mit einer Flasche und einem Kuchen (kann ein Kuchen aus dem Kaufladen sein oder eine Keksschachtel).

MUTTER: Aber trödele nicht so und komm nicht vom Weg ab, sonst fällst du und zerbrichst die Flasche. Dann hat Großmutter nichts davon. Der Weg zu ihr durch den Wald ist weit, pass also gut auf dich auf und lass dich von niemanden ansprechen. Und wenn du in Großmutters Schlafzimmer kommst, vergiss nicht, ihr guten Morgen zu sagen, und schau nicht so neugierig in alle Ecken. Hast du verstanden, Rotkäppchen?

ROTKÄPPCHEN: Ja, ja. Schon kapiert. Tschüss, bis später.

MUTTER: Tschüss, mein Kind.

Beide treten ab. Als Nächstes kommt Rotkäppchen mit dem Korb schwenkend und geht im Zimmer herum. Hinter einem Sessel oder einem Vorhang lauert ihr der Wolf auf. Rotkäppchen pfeift vor sich hin. Der Wolf tritt aus seinem Versteck heraus und stellt sich Rotkäppchen in den Weg.

WOLF: Guten Tag, mein schönes Fräulein. So früh schon unterwegs. Wo soll's denn hingehen?

ROTKÄPPCHEN: Zu meiner Großmutter. Die Arme ist krank. Ich bringe ihr Kuchen und Wein.

WOLF: Wo wohnt denn deine Großmutter, Kindchen?

ROTKÄPPCHEN: Noch eine gute Viertelstunde weiter im Wald, unter den drei großen Eichbäumen, da steht ihr Haus mit den Nusshecken davor, das wirst du ja wissen.

WOLF *(leise zu sich)*: Das junge zarte Ding, das ist ein fetter Bissen. Der ist bestimmt noch besser als die Alte. Ich muss es listig anfangen, damit ich beide schnappe.

(und laut zu Rotkäppchen): Hast du eigentlich schon die hübschen Blumen ringsum bemerkt? Sieh doch, wie schön sie blühen! Du siehst dich ja gar nicht um? Ich glaube, du hörst auch nicht, wie lieblich die Vögel zwitschern. Du gehst durch den Wald, als wenn du zur Schule gingest. Dabei ist es so herrlich hier.

ROTKÄPPCHEN: Du hast Recht, das habe ich noch gar nicht bemerkt. Großmutter würde sich über einen Strauß bunter Waldblumen bestimmt freuen, wo sie doch das Bett hüten muss und nicht rausgehen kann.

WOLF: Das glaube ich auch. Ein prächtiger Blumenstrauß wird ihr ebenso gut tun wie der Kuchen, den du ihr bringst.

ROTKÄPPCHEN: Es ist noch so früh, ich hab noch genügend Zeit, ihr einen Strauß zu pflücken. Also, mach's gut Wolf. Ich muss mich beeilen.

WOLF: Auf Wiedersehen, kleines Rotkäppchen.

Rotkäppchen bückt sich, als würde sie Blumen pflücken. Der Wolf blickt sich im Weitergehen immer wieder nach Rotkäppchen um.

ROTKÄPPCHEN: Jetzt habe ich einen üppigen Strauß beisammen. Der Wolf hatte wirklich eine gute Idee. Nun aber los, sonst komme ich doch noch zu spät.

Rotkäppchen tritt ab. In der nächsten Szene liegt die Großmutter unter der Bettdecke versteckt. Nur der Wolf ist zu sehen. Er hat eine Schlafmütze auf – irgendeine Zipfelmütze – einen Schal um den Hals und ein Nachthemd an. Er liegt ebenfalls im Bett und hat die

18

Decke bis zum Hals hochgezogen. Auf dem Fußboden vor dem Bett liegen einige Kleidungsstücke verstreut, ein Kerzenständer und eine Bürste. Rotkäppchen kommt herein.

ROTKÄPPCHEN: Hallo, Großmutter! – Nanu, wie sieht's denn hier aus? Du bist doch sonst nicht so unordentlich! Geht's dir so schlecht, dass du noch nicht einmal aufstehen kannst, Großmutter?

Der Wolf grunzt nur. Rotkäppchen geht an das Bett heran und beugt sich zum Wolf herunter.

ROTKÄPPCHEN: Ei, Großmutter, was hast du für große Ohren?

WOLF: Damit ich dich besser hören kann.

ROTKÄPPCHEN: Ei, Großmutter, was hast du für große Augen?

WOLF: Damit ich dich besser sehen kann.

ROTKÄPPCHEN: Ei, Großmutter, was hast du für große Hände?

WOLF: Damit ich dich besser packen kann.

ROTKÄPPCHEN: Aber, Großmutter, was hast du für ein entsetzlich großes Maul?

WOLF: Damit ich dich besser fressen kann.

Der Wolf fährt aus dem Bett hoch, packt das Rotkäppchen und zieht es unter die Bettdecke. Er legt sich wieder hin, schläft ein und fängt an laut zu schnarchen. Der Jäger kommt mit einem Gewehr auf dem Rücken herein.

JÄGER *(halblaut)*: Wie laut die Alte heute schnarcht! Das ist doch ungewöhnlich. Da muss ich mal nachsehen, ob ihr nicht etwas fehlt. – Aha, das ist ja gar nicht die Großmutter, das ist ja der Wolf. Finde ich dich also hier, du alter Gauner. Dich habe ich schon lange gesucht.

Der Jäger nimmt das Gewehr vom Rücken, zielt auf den Wolf, lässt die Waffe jedoch wieder sinken.

JÄGER: Halt, der Kerl hat doch Großmutters Schlafgewand an. Bestimmt hat er die arme Alte gefressen.

Der Jäger holt ein Messer hervor und tut so, als wenn er dem Wolf den Bauch aufschneidet. Mit einem lauten Atemzug kommt Rotkäppchen unter der Bettdecke hervor.

ROTKÄPPCHEN: Ach, da hab ich mich aber erschrocken. Es war schrecklich finster in dem Wolfsbauch!

Rotkäppchen fällt dem Jäger um den Hals.

JÄGER: Ich muss schnell nachsehen, ob der Schurke nicht auch noch die Großmutter verschlungen hat.

Der Jäger blickt unter die Decke und holt die geschwächte Großmutter hervor. Die hält sich die Hand an die Stirn, der Jäger muss sie stützen.

GROSSMUTTER: Um ein Haar wäre ich erstickt. Lieber Herr Jäger, sie haben uns gerettet.

JÄGER: Schnell, Rotkäppchen. Hol schwere Steine von draußen. Die legen wir dem Wolf in den Bauch.

Rotkäppchen läuft nach draußen und holt Steine – ersatzweise zusammengeknülltes Zeitungspapier. Damit kommt sie wieder herein. Sie legen die Steine auf den Wolfsbauch. Der Jäger tut so, als wenn er den Bauch wieder zunäht. Dann verstecken sich die drei hinter dem Zimmervorhang und warten, bis der Wolf aufwacht.

WOLF (*grunzt und wacht auf. Er räkelt sich*): Das Nickerchen hat gut getan. Aber sapperlot, ich fühle mich ja immer noch so vollgefressen. Und einen Höllendurst habe ich.

Der Wolf steht mühevoll vom Bett auf. Läuft zu einem Tisch, auf dem eine Wasserflasche steht. Auf dem Weg dahin stürzt er jedoch und bleibt wie tot liegen.

JÄGER: Der Kerl ist tot. Das wurde auch höchste Zeit. Ich werde ihn mitnehmen und ihm zu Hause den Pelz abziehen. Der wird als weicher Bettvorleger dienen.

ROTKÄPPCHEN: Oh, Großmutter. War das eine Aufregung! Komm, lass uns an den Tisch setzen. Ich habe dir Kuchen und Wein mitgebracht.

GROSSMUTTER: Ja, das wird uns gut tun nach dem Schreck.

ROTKÄPPCHEN: Und ich werde nie mehr mit Fremden reden und schon gar nicht mehr herumtrödeln und vom Weg abkommen, wenn's mir die Mutter gesagt hat.

Fingertheater

Wie können aus den eigenen zehn Fingern kleine Schauspieler werden? Ganz einfach – man malt sie an und bastelt
ihnen Kleidung. Diese Form des Theaters ist besonders für
kleine Kinder ein Riesenspaß. Plötzlich sind die Finger
nicht mehr nur zum Essen da, sondern werden als lustige
Darsteller ganz lebendig. Man malt auf die Fingerkuppen
ein Gesicht, je nach Rolle mit ernstem, lustigem oder trau-
rigem Mund. Mit Watte, Stoff oder Papier entstehen witzige
Hüte oder Haare, die auf die Finger geklebt oder gesteckt
werden. Mit Wasserfarben kann man auch weitere Details
wie ein Kleid, eine Krawatte oder einen Anzug auf die Finger malen. Ein Kind kann mit seinen Fingern alleine den
anderen etwas vorspielen, oder mehrere Kinder bemalen
sich ihre Finger und spielen gemeinsam. Man kann eine Decke über einen Tisch oder eine Stuhllehne werfen und dahinter spielen, sodass man von vorne lediglich die lustigen
Finger sieht. Jetzt muss man sich nur noch eine nette Geschichte ausdenken und lässt dann die Finger agieren. Dabei
sind der Fantasie keine Grenzen gesetzt.

Verkleidete Finger eignen sich aber auch besonders gut zu
bekannten Fingerspielen, wie *Das ist der Daumen, der schüttelt
die Pflaumen* ... Hier nur eine kleine Auswahl:

Fünf Männlein sind in den Wald gegangen
Fünf Männlein sind in den Wald gegangen,
die wollten den Osterhasen fangen.
Der Erste war so dick wie ein Fass,
er brummte immer: »Wo ist der Has', wo ist der Has'?«
Der Zweite rief: »Da, da, da ist er ja, da ist er ja!«

Der Dritte war der Längste, aber auch der Bängste.
Er fing an zu weinen: »Ich sehe keinen, ich sehe keinen!«
Der Vierte sprach: »Das ist mir zu dumm, ich kehre wieder um.«
Der Kleinste aber, wer hätt's gedacht, der hat's gemacht,
der hat den Hasen nach Hause gebracht,
da haben alle Leute gelacht.

Das ist die Mutter, lieb und gut

Das ist die Mutter, lieb und gut.
Das ist der Vater mit frohem Mut.
Das ist der Bruder, schlank und groß.
Das ist die Schwester mit dem Püppchen auf dem Schoß.
Das ist das Kindchen, klein und zart.
Das ist die Familie von guter Art.

(Bei diesen Versen ist die Hand zur Faust geschlossen. Die Finger werden einer nach dem anderen gemäß dem Text gestreckt. Dabei wackelt man jeweils mit dem entsprechenden Finger, sodass dieser lebendig erscheint.)

Kasperletheater

ab 3 Jahren

Kinder lieben sie – die lustigen Kasperlepuppen. Nicht nur an Geburtstagen sind sie eine willkommene Unterhaltungseinlage und ziehen die kleinen Zuschauer in ihren Bann. Wann immer sich die Gelegenheit dazu bietet, kann man ein aufregendes Handpuppenstück inszenieren. Dazu braucht man auch keineswegs ein aufstellbares Kasperletheater. Man schlägt rechts und links von der Tür in Körperhöhe zwei Nägel ein, spannt ein Seil und hängt ein Tuch darüber. Der Darsteller stellt sich dahinter, streckt die Arme hoch und lässt die Handpuppen quasi über seinem Kopf spielen; die Zuschauer sollen ja nur die Figuren sehen können. Es müssen auch nicht immer Erwachsene sein, die den Kindern etwas darbieten. Ältere Kinder können ebenso ihren Geschwistern oder die Kinder ihren Eltern etwas vorspielen. In jedem Fall haben alle ihren Spaß daran. Wem auf die Schnelle kein geeignetes Stück einfällt, kann die nachstehende Geschichte vorspielen. Dabei muss man sich natürlich nicht Wort für Wort an die Vorlage halten. Wenn man zu zweit spielt, ergibt sich ohnehin der Text spontan beim Agieren. Außerdem kann man zu zweit leichter mehrere Figuren gleichzeitig auftreten lassen.

Kasperle auf Räuberjagd
Es spielen mit:
Kasperl
die Großmutter
ein Räuber
ein Polizeioberwachtmeister

Die Großmutter erscheint mit einem Kochlöffel und einem Ei in der Hand.

GROSSMUTTER: Hallo, liebe Kinder. Heute ist ein ganz besonderer Tag. Ja, denn heute hat der Herr Polizeioberwachtmeister Geburtstag. Und weil er ein so mutiger Mann ist und immer tüchtig die Räuber in unserer kleinen Stadt fängt, möchte ich ihm heute einen Geburtstagskuchen backen. Ich muss noch rasch in den Vorratskeller gehen und das Mehl holen. Seid ihr so lieb und passt auf das Ei auf? Der Räuber Langfinger treibt nämlich wieder sein Unwesen und stiehlt den Leuten das Essen. Bis gleich, Kinder!

Großmutter tritt ab. Der Spieler hält das Ei in der Hand, sodass die Kinder es gerade über dem Spielrand erkennen können. Man nimmt den Räuber auf die andere Hand. Der Räuber lugt vorsichtig um die Ecke und schleicht sich heran.

RÄUBER: Was sehen denn meine hungrigen Augen da? Ein Ei? Lecker, ich habe heute noch nicht gefrühstückt und habe einen riesigen Kohldampf. Da sind ja auch die Kinder. Hallo, Kinder! Das Ei klau ich und brate mir ein herrliches Spiegelei in meiner Räuberhöhle. Verratet bloß nicht, dass der Räuber Langfinger hier war, sonst knallt's ... he, he, he.

Der Räuber nimmt schnell das Ei und verschwindet. Man nimmt die Großmutter wieder auf die Hand und singt das Lied »Zum Geburtstag viel Glück«. Die Großmutter erscheint wieder auf der Spielfläche.

GROSSMUTTER: Der Polizeioberwachtmeister wird sich bestimmt über den Geburtstagskuchen freuen. Er liebt doch meinen Marmorkuchen so sehr. Was, Kinder? Was sagt ihr? Das Ei ist weg? So schreit doch nicht alle durcheinander ... der Räuber ... das Ei ... Ach du grüne Neune. Jetzt sehe ich es auch, das Ei ist weg. Da war also wieder dieser Langfinger da und hat mich beraubt. Was mach ich denn jetzt? Heute ist Sonntag, die Läden sind zu, und ich habe kein weiteres Ei mehr im Haus. Ich werde sofort zum Kasperl gehen, vielleicht weiß der Rat.

Die Großmutter tritt ab. Man nimmt den Kasperl auf die Hand. Die Großmutter läuft aufgeregt einmal durch die Bildfläche und hält in einer Ecke der Spielfläche an. Sie macht »Ding Dong«. Der Kasperl erscheint.

GROSSMUTTER: Kasperl, lieber Kasperl. Denk dir, was passiert ist!

KASPERL: Was denn Großmutter? Du bist ja ganz aus der Puste.

GROSSMUTTER: Der Räuber Langfinger hat sich in meine Küche geschlichen und ein Ei gestohlen. Die Kinder haben's mir erzählt. Und jetzt kann ich keinen Geburtstagskuchen für den Polizeioberwachtmeister backen.

KASPERL: Das ist schade, er mag doch deinen Kuchen so gern. Ich übrigens auch.

GROSSMUTTER: Wir müssen etwas unternehmen, Kasperl. Wo soll ich denn heute am Sonntag ein Ei herkriegen?

KASPERL: Das ist in der Tat ein Problem, Großmutter. Da gibt es nur eines. Der Räuber Langfinger muss das Ei wieder herausrücken. Geh du nur ruhig nach Hause, ich werde mir schon einen guten Plan ausdenken.

GROSSMUTTER: Wenn du meinst, Kasperl. Aber sei ja vorsichtig, wenn du den Räuber triffst. Nicht dass dir etwas zustößt.

Die Großmutter tritt ab.

KASPERL: Dieser schlimme Langfinger. Es wird Zeit, dass man ihn fängt und ins Gefängnis steckt. Dann ist es aus mit der Räuberei. Wenn ich nur wüsste, wo genau seine Räuberhöhle liegt. Irgendwo im Wald hinter den Moorsümpfen.

26

Aber gerade das ist ja das Gefährliche. Wenn man nicht genau aufpasst, wo man hintritt, steckt man auch schon drin im Sumpf. Ich werd's aber trotzdem wagen. Wünscht mir viel Glück, Kinder!

Kasperl tritt ab. Man nimmt die Großmutter auf die Hand.

GROSSMUTTER: Ein wenig Sorgen mache ich mir ja schon. So ein Räuber ist schließlich ganz schön gefährlich.

Es klingelt. Man nimmt den Polizisten auf die Hand.

POLIZIST: Guten Tag, Großmutter. Ich wollte Sie herzlichst zu meiner Geburtstagsfeier heute Nachmittag einladen.

GROSSMUTTER: Ach, Herr Polizeioberwachtmeister, gerne würde ich ja kommen. Aber der Räuber Langfinger hat aus meiner Küche ein Ei gestohlen, das ich für den Geburtstagskuchen brauche. Der Kasperl ist jetzt in den Wald gelaufen und will dem Räuber das Ei wieder wegnehmen.

POLIZIST: Was höre ich da? Der Langfinger hat wieder zugeschlagen. Aber was Kasperl da vorhat, ist viel zu gefährlich. Außerdem ist Räuberfangen immer noch Sache der Polizei. Ich muss mich sofort auf den Weg machen. Auf Wiedersehen, Großmutter.

Beide treten ab. Der Polizist erscheint erneut und geht auf der Bildfläche immer hin und her.

POLIZIST: Der Kasperl ist ein verrückter Kerl. Er müsste doch wissen, dass Langfinger hinter den heimtückischen

27

Sümpfen haust und sich von niemandem so einfach aufspüren lässt. Ich muss mich beeilen. Vielleicht kann ich ihn ja noch einholen.

Man führt den Polizisten immer wieder schnell über die Spielfläche.

POLIZIST: Ah, da vorne beginnen ja schon die Sümpfe. Von Kasperl sehe ich aber noch keine Spur. Gott sei Dank! Ah, Hilfe, was ist denn das? Ich sinke ja ein. Ach du lieber Himmel, ich bin in den Sumpf gelaufen. Zu Hilfe, ich versinke! Zu Hilfe!

Man nimmt den Räuber auf die Hand.

RÄUBER: Wer ruft denn da um Hilfe? Ah, der Polizeioberwachtmeister persönlich steckt im Sumpf fest. Wolltest mich etwa fangen, was? Ha, ha, du Schlauberger. Hast dir gedacht, ich schnapp mir mal eben so den Räuber Langfinger, he!

Beide treten ab. Man nimmt den Kasperl auf die Hand, der ein Seil umhängen hat.

KASPERL: So, eine Räuberjagd muss gründlich vorbereitet werden. Ich habe ein Seil dabei, damit kann ich den Räuber fesseln und ihn dem Polizeioberwachtmeister ins Gefängnis bringen. Aber was sehe ich da?

Man hängt den Polizisten über den Spielrand und nimmt den Räuber auf die Hand mit dem Rücken zum Kasperl.

KASPERL: Da steht der Räuber Langfinger und – oh Schreck

– der Polizeioberwachtmeister steckt im Sumpf. Ich werde mich vorsichtig von hinten anschleichen und versuchen, den Räuber zu fesseln.

Man lässt Kasperl heranschleichen und ihn das Seil über den Räuber werfen. Er fesselt den Räuber.

KASPERL: Jetzt hab ich dich, du Schurke.

RÄUBER: Potzblitz, da ist ja noch einer. Du Kasperl hast mir hinterhältig aufgelauert.

POLIZIST: Zu Hilfe, zu Hilfe. Ich versinke immer mehr. Hilft mir denn keiner?

KASPERL: Nehmen Sie meine Hand, Herr Polizeioberwachtmeister. Ich ziehe Sie heraus. Dich, Langfinger binde ich erst mal an diesen Baum hier, damit du nicht abhauen kannst.

Man lehnt den Räuber an den Spielrand und lässt Kasperl den Polizisten herausziehen. Man nimmt den Polizisten auf die Hand.

POLIZIST: Ich danke dir vielmals Kasperl. Du hast mir das Leben gerettet. Du bist wirklich ein mutiger Kerl.

KASPERL: Danken Sie mir später. Ich muss aus der Räuberhöhle das Ei holen. Die Großmutter wartet darauf. Sie will Ihnen doch einen Geburtstagskuchen backen. Führen Sie doch schon mal den Räuber zurück in die Stadt und stecken Sie ihn ins Gefängnis.

POLIZIST: Das werde ich machen, Kasperl. Du bist natürlich herzlich eingeladen, mit der Großmutter und mir am Nachmittag meinen Geburtstag zu feiern.

KASPERL: Vielen Dank für die Einladung, da komme ich natürlich gerne, wo mir doch Großmutters Marmorkuchen so gut schmeckt. Also Beeilung, Kinder, damit die gute Großmutter den Kuchen heute überhaupt noch backen kann. Auf Wiedersehen, liebe Kinder!

ab 4 Jahren

Schattenspiele

Schattentheater
Man braucht:
Seil
Laken
hellen Strahler
Requisiten (Hüte, Kissen, Tücher usw.)

Je mehr Kinder bei diesem Spiel mitmachen, desto größer ist der Spaß.
Über die Breite des Kinderzimmers spannt man ein Seil, an das ein Laken möglichst straff geklammert wird. Vor dem Laken werden die Zuschauerstühle aufgestellt. Aus einer Entfernung von etwa 1-2 Meter strahlt eine helle Lampe das Laken von hinten an. Die Kinder wählen nun untereinander Schauspieler und Publikum aus. Die Schauspieler können sich mit auffälligen Requisiten wie Hüten, Kopftüchern, langen Gewändern, Kissen vor den Bäuchen oder am Hintern verkleiden und dabei ein kurzes Märchen überlegen, das sie gemeinsam aufführen wollen. Wenn sie dazu keine Lust haben, können die Zuschauer auch einfach nur versu-

chen zu erraten, wer gerade in seiner Verkleidung hinter dem Laken auftaucht.

Schattenfingerspiel

Der Lichtkegel eines hellen Strahlers wird so eingerichtet, dass er gegen eine Wand strahlt. Mit Händen und Fingern können die Kinder nun ausprobieren, welche Bewegungen und Handstellungen welche Schatten werfen. Da sieht man plötzlich eine Ziege, einen Vogel oder einen Hasen an der Wand. Werden die Finger dann entsprechend bewegt, wackeln beispielsweise beim Hasen die Ohren oder es bellt der Hund.

Zirkus

ab 4 Jahren

Im Zirkus ist eine Menge los, nur leider gastiert nicht zu jeder Zeit ein großer oder kleiner Wanderzirkus in der Gegend. Wer dennoch unbedingt jetzt eine Zirkusvorführung erleben will, der arrangiert eben selbst eine: Man denkt sich verschiedene lustige Nummern aus, sucht sich die entsprechende Verkleidung zusammen, und dann heißt es: »Manege frei!«
Man sollte schon zu zweit sein oder besser noch zu mehreren Kindern, denn der Dompteur braucht für seinen Auftritt natürlich ein Tier, der Akrobat eine Assistentin, und auch der Clown hat gern noch einen Partner. Die Zuschauenden bilden einen großen Kreis, die Mitte stellt die Manege dar. Man kann natürlich auch einen ganzen Raum zur Manege erklären, das Publikum nimmt auf Stühlen Platz, und die Zimmertür stellt den Vorhang dar, durch den im echten Zirkus die Künstler die Manege betreten. Wenn sich keine Zuschauer finden lassen, sollte das auch kein Problem sein.

Schließlich will eine gelungene Aufführung ja auch erst einmal tüchtig geprobt werden.

Zirkusdirektor

In einem schicken Jackett und – wer hat – mit einem Zylinder sieht man doch gleich wie ein respektabler Zirkusdirektor aus. Dieser darf natürlich nicht fehlen, denn jede Nummer muss dem Publikum natürlich voller Lob angekündigt werden. Das steigert die Spannung und würdigt die auftretenden Artisten entsprechend.

Tierdressur

Glanzpunkt eines jeden Zirkus sind die Tiernummern. Dass Pferde den rechten Vorderfuß im Gleichschritt heben, Bären auf einer Trommel laufen können und wilde Tiger durch einen Feuerring springen, ist immer wieder aufregend zu sehen. Das Kind, das ein Tier darstellen möchte, kann sich im Gesicht schminken, eine Decke überwerfen oder sich mit einem Haarreif Ohren anstecken. Und dann muss es genau das tun, was der Dompteur möchte: im Kreis krabbeln, Pirouetten drehen, durch einen Reifen springen, auf einem Hocker Männchen machen etc.

Akrobaten

Im Zirkus hält man die Luft an, wenn man die Artisten in Schwindel erregender Höhe auf einem Seil balancieren sieht. Ganz so aufregend muss es daheim ja nicht zugehen; aber einige witzige Kunststücke kann man sich durchaus überlegen: auf einem ausgelegten Seil balancieren, Purzelbäume, Radschlagen, Seilspringen, Gewichtheben etc.

Clowns

Ein Ringelhemd mit einem Kissen drunter als dicker Bauch, eine rote Nase, Vaters Turnschuhe und verschieden-farbige Socken geben dem Clown ein lustiges Äußeres. Wer ein begnadeter Alleinunterhalter ist, bringt mit komischen Faxen sein Publikum zum Lachen. Aber man kann auch als Duo Clownerien machen, zum Beispiel indem der eine »verunglückte« Kunststücke vorführt, der andere sich über den »Möchtegernartisten« lustig macht, oder einer den an-deren nachäfft. Hierbei sind der Fantasie absolut keine Grenzen gesetzt.

Wahre Künstler

Im Heimzirkus sind natürlich auch solche Künstler gefragt, die wirklich etwas ganz besonders Tolles können. Hier kön-nen kleine Musiker, Sänger, Tänzer etc. auftreten. Man hat doch selten die Gelegenheit, vor anderen etwas aus seinem Ballettunterricht vorzutanzen, oder das Stück vorzuspielen, das man gerade mit seinem Instrument übt. Begabte Sänger können ein Kinderlied oder einen aktuellen Song aus der Hitparade vorsingen und vielleicht sogar dazu tanzen. Auch Jongleure, Weitspucker, Ohrenwackler, Kraftmeier, Athleten etc. haben im heimischen Zirkus die Möglichkeit, ihre Kunststücke zu präsentieren.

Modenschau

ab 4 Jahren

Eine Modenschau begeistert in erster Linie Mädchen. Be-sonders begehrt bei Verkleidungsspielen ist natürlich Mut-ters Kleiderschrank, vorausgesetzt die Mutter stellt den zur Verfügung. Lassen Sie es darauf ankommen: Die Kinder ver-sprechen, ganz vorsichtig zu sein – und Sie bringen Ihre absoluten Lieblingsstücke besser in Sicherheit. Ist man dann so richtig schick aufgebrezelt, wird geschminkt. Auch das Schminkzeug wie Lidschatten, Mascara und Lippenstift kann die Mutter beisteuern oder man verwendet Faschingsschminke. Am besten ist es, wenn Mädchen sich gegenseitig schminken. Zuerst wird auf die geschlossenen Lider farbiger Lidschatten aufgepinselt, dann werden die Wimpern getuscht, etwas Lippenstift als Rouge auf die Wangenknochen verteilt und schließlich werden die Lippen sorgsam mit Lippenstift ausgemalt.

Nach dieser Prozedur fehlt nur noch die Musik für den Gang über den Laufsteg. Mit den angesagten Hits aus den Bravo-Charts geht's dann auf Hackenschuhen auf und ab über das Parkett. Wenn die Jungs neugierig geworden sind, dürfen sie gerne applaudierende Zuschauer sein.

Wer sich um seine aktuelle Kleidung sorgt, der kann im Laufe eines Jahres bereits beim Ausmisten für die Altkleidersammlung daran denken, interessante Stücke für solche oder andere Verkleidungsspiele zur Seite zu legen.

Backen, Kochen, Schlemmen

Am besten schmeckt, was man selber macht. Ein knackiger Salat, ein gesunder Snack für Zwischendurch, bekömmliche Getränke auch ohne Zucker – alles nur halb so attraktiv, wenn es von Elternhand zubereitet wird. Doch selbst der größte Gemüsemuffel oder Obstverachter bekommt eine lange Zunge, wenn von eigener Hand Möhren in feine Scheiben geschnibbelt, Gurken geraspelt und Äpfel geschält werden, um damit so manche Köstlichkeit zuzubereiten. Man kann nur staunen, was aus Lebensmitteln so Feines gezaubert werden kann, wenn genügend Zeit vorhanden ist und Essen nicht einfach nur eine Nahrungsaufnahme sein soll. Da wird ein schlichtes Butterbrot zu einem Möhrenfisch, aus einem Sandwich ein lustiges Gesicht, aus einem erfrischenden Getränk ein herrlicher Kindercocktail und und und.

Lustige Brote

ab 4 Jahren

Möhrenfisch
Zutaten für 2 Brote:
2 Möhren
Salz
1 Dose Tunfisch
2 EL Zitronensaft
2 EL Sonnenblumenöl
1 TL Senf
2 große Scheiben Brot
4 schwarze Oliven
6 Gurkenscheiben

Zubereitung:
1. Die Möhren waschen und mit einem Gemüseschäler put-zen. In einem Topf eine halbe Tasse Wasser und eine Prise Salz zum Kochen bringen und die beiden Möhren zuge-deckt bei mittlerer Hitze etwa 30 Minuten garen.
2. Den Tunfisch abtropfen lassen. Zitronensaft, Sonnenblu-menöl und Senf zu einem cremigen Dressing rühren. Zwei Drittel davon mit dem Tunfisch gut verrühren.
3. Die Brotscheiben mit der Tunfischmasse bestreichen.
4. Die abgekühlten Möhren in dünne Scheiben schneiden und die Brote fischschuppenartig mit den Möhrenschei-ben belegen.
5. Aus den Oliven Maul und Augen schneiden. Die Gur-kenscheiben in Streifen schneiden und als Flossen und Schwanz an den Rand des Brotes auf den Teller legen. Die Gurkenstreifen mit dem restlichen Dressing beträu-feln.

Brote mit Ausstecheraufschnitt
Zutaten für 4 Brote:
4 Scheiben Brot
Butter zum Bestreichen
3 Scheiben Gouda
4 große Scheiben Salami
3 Scheiben Fleischwurst
1 Gewürzgurke

Zubereitung:
1. Die Brote mit Butter bestreichen und mit Gouda oder Salami belegen.
2. Aus den übrigen Scheiben Aufschnitt mit Ausstechern lustige Formen ausstechen und auf die Brote legen – Kä-

36

seformen auf die Salamibrote und Fleischwurst- oder Salamiformen auf die Käsebrote.

3. Die Gewürzgurke in feine Scheiben schneiden und die Brote damit garnieren.

Grimassentoast

Zutaten für 2 Brote:
2 Scheiben Brot oder Toast
Butter zum Bestreichen
2 Scheiben Gouda
4 Kirschtomaten
4 Scheiben Gurken
2 schmale Streifen Paprika
mildes Paprikapulver

Zubereitung:

1. Die Brote mit Butter bestreichen und mit dem Gouda belegen.
2. Die Kirschtomaten halbieren. Die Gurkenscheiben in feine Streifen schneiden. Die Paprikastreifen als Mund auf das Brot legen, die Kirschtomaten als Augen und mit den Gurkenstreifen Haare dekorieren. Als »rote« Bäckchen etwas Paprikapulver auf den Käse streuen.
3. Die Brote in den vorgeheizten Backofen bei 180 Grad schieben und durch das Ofenfenster beobachten, wie sich die Brotgesichter verziehen. Wenn der Käse gut geschmolzen ist, die überbackenen Brote herausnehmen und – essen.

Kinderburger

Zutaten für 1 Burger:
1 Original-Burger-Brötchen, ersatzweise 2 halbe Mischbrotscheiben

Butter zum Bestreichen
Ketschup und Mayonnaise
1 Käsescheibe
1/2 Tomate
1 Scheibe Salami oder Fleischwurst
2 Gurkenscheiben
1 Salatblatt

Zubereitung:
1. Die Brötchen oder Brothälften werden zunächst mit Butter und dann die eine Hälfte mit Mayo und die andere mit Ketschup bestrichen.
2. Man schichtet nacheinander Käse, Tomatenscheiben, Wurst, Gurkenscheiben und das Salatblatt übereinander und klappt die andere Burgerhälfte darauf.

ab 4 Jahren

Cocktails

Tutti Frutti
Zutaten für 1 Cocktail:
3 EL Fruchtsalat
1 Kugel Fruchteis (z. B. Zitrone)
1/8 l Orangina
2 EL Sahne

Zubereitung:
1. Fruchtsalat, Eis und Orangina in dieser Reihenfolge ins Glas füllen.
2. Die Sahne steif schlagen und eine Sahnehaube auf den Drink geben.
3. Mit einem Strohhalm und einem langen Löffel servieren.

38

Südseedrink

Zutaten für 2 große Gläser:
2 Zitronen
1/4 l Orangensaft
1/4 l Ananassaft
2 EL Himbeersirup
2 EL Orangen- oder Maracujaeis

Zubereitung:
1. Die Zitronen auspressen.
2. Alle Zutaten mixen und den Drink in zwei hohe Gläser füllen. Mit Strohhalmen servieren.

Ananas-Sommer-Mix

Zutaten für 1 Cocktail:
1/4 l Ananassaft
1 EL Orangensaft
1 Kugel Vanilleeis

Zubereitung:
Alle Zutaten in einem Mixer mischen und sofort servieren.

Cocopeach

Zutaten für 1 Cocktail:
3 EL sehr reifes Pfirsichfleisch (ohne Haut), ersatzweise Pfirsiche aus der Dose
2 EL Zitronensaft
1/8 l Cola

Zubereitung:
1. Aus einem sehr reifen Pfirsich den Stein entfernen und die Haut ablösen.

2. Das Fruchtfleisch zerkleinern, mit dem Zitronensaft im Glas mischen und mit der Cola auffüllen. Eiswürfel hineingeben.

Kinderbowle

Zutaten für 6 Gläser:
400 g Ananas (in Stücken)
300 ml Wasser
4 TL Honig
Saft von 6 Orangen
4 TL Zitronensaft
300 g Erdbeeren (geviertelt)
bunte Spießchen zum Herausfischen der Erdbeeren

Zubereitung:
1. Im Mixer oder mit dem Pürierstab die Ananasstückchen mit dem Wasser und dem Honig pürieren.
2. Den Saft durch ein Sieb streichen.
3. Orangen und Zitronen auspressen und den Saft mit dem Ananassaft mischen.
4. Die Erdbeeren vierteln und in den Saft rühren. Das Getränk in 6 Gläser füllen und mit Spießchen servieren.

ab 4 Jahren

Zucker- und Pizzabäcker

Ausstecher-Plätzchen

Zutaten:
500 g Mehl
250 g Zucker
250 g weiche Butter
1–2 Eier
abgeriebene Zitronenschale

Backen:
1. Das Mehl und den Zucker in eine Schüssel geben.
2. Die Butter in großen Flocken mit dem Mehl und den übrigen Zutaten zu einem Mürbeteig verarbeiten. Den Teig eine Stunde kalt stellen.
3. Den Teig einen halben Zentimeter dick auf einer bemehlten Arbeitsfläche ausrollen und mit verschiedenen Formen ausstechen. Den ausgestochenen Teig auf ein Blech mit Backpapier legen und im vorgeheizten Ofen bei 175-200 Grad 15-20 Minuten backen.
4. Wer die Plätzchen vorher verzieren möchte, der bestreicht die ausgestochenen Formen mit einem verquirlten Ei und streut Mandelstifte, Rosinen oder gehackte Haselnüsse darüber. Man kann die Plätzchen aber auch nach dem Erkalten mit Schokoladenguss verzieren und bunte Zuckerstreusel darüberstreuen.

Schokoladenkuchen
Zutaten:
1 Tafel dunkle Schokolade
100 g Butter
3 Eier
100 g Zucker
1 Prise Salz
50 g Mehl

Backen:
1. Die Schokolade in einzelne Stücke brechen und zusammen mit der Butter bei ganz geringer Hitze schmelzen lassen. Gelegentlich umrühren, sodass sich Butter und Schokolade gut mischen.
2. Die Eier mit Zucker und Salz am besten mit einem

Handrührgerät schaumig schlagen, anschließend das Mehl nach und nach hinzugeben und bei niedriger Stufe verquirlen.

3. Mit dem Teigschaber die Schokoladenmasse unterheben, bis sie sich mit der hellen Masse gleichmäßig verbunden hat.

4. Falls nötig die Kuchenform einfetten, dann die Masse hineingeben und 20 Minuten im vorgeheizten Backofen bei 180 Grad backen.

Pizza

Zutaten für den Teig:
300 g Mehl
1/2 Päckchen Trockenhefe
200–220 ml lauwarmes Wasser
2 EL Olivenöl
1/2 TL Salz

Zutaten für den Belag:
1 dicke Möhre
1 kleiner Zucchino
150 g Mozzarella
4 Champignons
200 g passierte Tomaten (aus der Dose)
Salz, Pfeffer
Oregano
3 EL Olivenöl

Zubereitung:
1. Das Mehl mit der Trockenhefe mischen. Wasser, Öl und Salz unterrühren. Den Teig gut verkneten. Abschließend mit etwas Mehl bestäuben und etwa 30 Minuten an ei-

nem warmen Ort abgedeckt ruhen lassen, bis der Teig aufgegangen ist.

2. Die Möhre schälen und in feine Scheiben schneiden. Den Zucchino waschen und in Scheiben schneiden. Den Mozzarella fein würfeln. Die Pilze putzen und in Scheiben schneiden.

3. Das Blech fetten oder mit Backpapier auslegen. Den Teig auf dem Backblech ausrollen. Den Ofen auf 200 Grad vorheizen.

4. Die passierten Tomaten mit Salz, Pfeffer und Oregano würzen und auf den Teig streichen. Die geschnittenen Zutaten auf dem Pizzateig verteilen. Das Olivenöl darüberträufeln. Im Backofen auf der 2. Einschubleiste von unten etwa 25 Minuten backen.

Würstchen im Schlafrock

Zutaten für 2 Würstchen im Schlafrock:

1 Platte tiefgekühlter Blätterteig

2 EL Ketschup

2 Wiener Würstchen

2 EL Mais aus der Dose

1 Eigelb

Zubereitung:

1. Der aufgetaute Blätterteig wird mit einem Nudelholz nicht zu dünn ausgerollt und mit einem Messer halbiert.

2. Beide Teighälften werden mit Ketschup bestrichen, wobei ringsum 2 cm Rand frei bleiben müssen.

3. Die Würstchen werden mittig auf den Teig gelegt und je ein EL Mais darüber verteilt.

4. Vorsichtig wird der Teig um die Wurst gewickelt und an den Enden durch Zusammendrücken gut verschlossen.

43

5. Das Eigelb wird verquirlt und auf die Teigrollen gestrichen.
6. Die Würstchen im Schlafrock werden im vorgeheizten Ofen bei 200 Grad auf der mittleren Schiene 25 Minuten gebacken.

ab 4 Jahren

Fixe Salate

Fruchtiger Salat
Zutaten für 4 Kinder:
1/2 Eisbergsalat
2 Orangen
1 TL milder Senf
1 Becher Maracuja-Fruchtjogurt
Salz, Pfeffer

Zubereitung:
1. Die Salatblätter lösen und waschen. In der Salatschleuder oder im Küchentuch trocken schleudern. Die Blätter in mundgerechte Stücke zupfen.
2. Die Orangen mit einem Messer schälen. Die Früchte in Achtel, dann in dünne Scheiben schneiden. Den Saft und die Orangenscheiben unter die Salatblätter mischen.
3. Den Senf in den Jogurt rühren und mit Salz und Pfeffer abschmecken. Das Dressing über den Salat geben.

Salat mit Käse und Schinken
Zutaten für 4 Kinder:
1/2 Eisbergsalat
2 Tomaten
2 Scheiben gekochter Schinken
2 Scheiben Gouda
8 Scheiben Gurke

2 EL Ketschup
2 EL Mayonnaise
Zitronensaft

Zubereitung:
1. Die Salatblätter lösen und waschen. In der Salatschleuder oder im Küchentuch trocken schleudern. Die Blätter in mundgerechte Stücke zupfen.
2. Die Tomaten waschen und in Scheiben schneiden. Schinken und Käse in Würfel schneiden. Alles zusammen mit den Gurken unter den Salat mischen.
3. Für das Dressing Ketschup und Mayonnaise miteinander verrühren, mit einem Spritzer Zitronensaft abschmecken und anschließend unter den Salat mischen.

Fliegenpilze
Zutaten für 4 Kinder:
4 Eier
2 kleine Tomaten
Mayonnaise aus der Tube
4 Zahnstocher
einige Salatblätter

Zubereitung:
1. Die Eier hart kochen, abschrecken, pellen und erkalten lassen.
2. Die Tomaten halbieren und das Fruchtfleisch auslösen.
3. Von der unteren Rundung der Eier etwas abschneiden, dass sie stehen können.
4. Die Tomatenhüte auf die Eier setzen.
5. Durch Tomaten und Eier je einen Zahnstocher stechen, damit die Tomaten nicht herunterrutschen.

6. Auf die Tomaten weiße Mayonnaisepunkte tupfen.
7. Die Salatblätter in sehr kleine Blätter zupfen, auf einem Teller verteilen und die Pilze darauf setzen.

Gemüsesticks mit Dips
Zutaten für 4 Kinder:
1 Kohlrabi, 1/2 Gurke, 2 Möhren
2 EL Tomatenmark
1 EL Crème fraîche
2 EL Mayonnaise
4 EL Ketschup
Salz und Pfeffer

Zubereitung:
1. Das Gemüse wird geschält und in mundgerechte Streifen geschnitten.
2. Tomatenmark und Crème fraîche werden in einem kleinen Schälchen miteinander verrührt und mit Salz und Pfeffer vorsichtig abgeschmeckt.
3. Mayonnaise und Ketschup werden in zwei Schälchen gefüllt.
4. Die 3 Dipschälchen serviert man zusammen mit den Gemüsesticks.

ab 4 Jahren

Nudelschlacht

Spaghetti nach Kinderart
Zutaten für 4 Kinder:
400 g Spaghetti
4 EL Ketschup
250 g Sahne
Salz

Zubereitung:
1. Reichlich Salzwasser mit einem Tropfen Öl zum Kochen bringen. Die Nudeln darin bissfest kochen.
2. Den Ketschup unter die Sahne rühren und mit Salz abschmecken. Die Sauce zu den Spaghetti servieren.

Spaßspiele beim Essen

ab 4 Jahren

Stoppessen

Ein lustiges Spiel zur Erheiterung am Essenstisch. Alle Familienmitglieder essen ihre Mahlzeit, bis einer von ihnen, der vorher gewählt wurde, »Stopp« sagt. In diesem Moment müssen alle innehalten und, wie die Schlossbewohner bei Dornröschen, in der Bewegung verharren, die sie gerade ausführten. Dabei entstehen die ulkigsten Grimassen und Gesten.

Feinschmecker- und Schnuppertest

Dieses Spiel sollte man mindestens zu zweit spielen, mehr Spaß macht es natürlich zu mehreren.

Wessen Geschmacksnerven auf der Zungenspitze sind schon so fein, dass er nicht nur süß, sauer, salzig, bitter schmecken, sondern genauestens benennen kann, welche Lebensmittel ihm auf die Zunge gelegt werden? Dabei dürfen natürlich keine Gemeinheiten wie Chilischoten oder andere für Kindergaumen unangenehme Dinge zum Probieren ausgewählt werden.

Einem Spieler werden die Augen verbunden. Die anderen wählen aus Kühlschrank, Vorratskammer und Gewürzschrank angenehm und markant schmeckende Speisen oder Gewürze, die dem Feinschmecker in den Mund gelegt werden. Er muss herausfinden, um welches Lebensmittel es sich handelt. Auf Geheiß der Mitspieler darf er kauen oder lutschen, um anhand der Konsistenz und des Geschmacks zum Ergebnis zu kommen.

Eine Variation dazu ist der Schnuppertest: Prägnant riechende Dinge werden unter einem Taschentuch verborgen einem Mitspieler unter die Nase gehalten, und dieser muss erschnuppern, worum es sich handelt.

Kleintiere und Pflanzen

Wenn es draußen kalt und nass ist, soll das nicht heißen, dass man auf die Natur gänzlich verzichten muss. Ein wahrer Gärtner findet auch drinnen genügend Möglichkeiten und Plätze, um zu pflanzen und Naturkunde zu betreiben. Gerade an Tagen, an denen es zu ungemütlich ist, um ins Freie zu gehen, kann man sich einmal ganz in Ruhe den Pflanzen und anderen Dingen der Natur zuwenden. Für Kinder ist es eine ganz besondere Erfahrung, bei natürlichen Prozessen mit Hand anzulegen. Selbstverständlich ist das Ergebnis der Arbeit nicht sofort erkennbar, Samen und Keime brauchen nun mal ihre Zeit, um aufzugehen. Es ist immer wieder erstaunlich, dass eine harte Bohne einen zarten Keim entwickeln kann, der mit der Zeit zu einer ansehnlichen Pflanze heranwächst. Manchmal gelingt dies jedoch auch nicht, und umso mehr freut man sich, wenn selbst Gesätes und Gezogenes in großer Zahl aus der Erde sprießt. Um die Warterei auf das erste Durchbrechen des Keimlings etwas kurzweiliger zu gestalten, kann man einen Kalender anfertigen, in dem alle wesentlichen Arbeitsschritte eingetragen werden können.

ab 3 Jahren

Samen setzen

Man braucht:
4 getrocknete weiße Bohnen
4 Erbsen
4 Linsen
kleine Ton- oder Joghurtbecher
Blumenerde für die 3 Gefäße

3 Zahnstocher
3 Papierschildchen

1. Von jeder Samensorte werden je 3 in ein Glas mit Wasser gelegt. Darin lässt man sie über Nacht quellen.
2. Bei Kunststoffgefäßen müssen in den Boden Löcher gebohrt werden, damit nach dem Gießen überflüssiges Wasser ablaufen kann. Die Blumentöpfe aus Ton sind in der Regel bereits mit einem Loch versehen. Die Töpfe werden bis 1 cm unterhalb des Randes mit Blumenerde gefüllt. Nun werden die aufgequollenen Samen je einer Sorte auf die Erde eines Töpfchens gelegt. Man drückt sie ein wenig in die Erde hinein, sodass sie gerade bedeckt sind.
3. Die Blumentöpfe werden auf eine Untertasse auf die Fensterbank gestellt und mit Wasser begossen.
4. Damit man weiß, in welchem Topf welche Samen keimen, klebt man den 4. Samen auf ein Papierschildchen, befestigt es an einem Zahnstocher und steckt diesen in die Erde des entsprechenden Töpfchens.

In den darauf folgenden Tagen muss die Erde stets feucht, aber nicht nass gehalten werden. Schon bald brechen die ersten grünen Keime hervor, die einen früher, die anderen später. Wenn die ersten Pflänzchen etwa 5 cm groß sind, werden die kleineren herausgezogen, damit sich die kräftigste gut weiterentwickeln kann.

Blumen färben

Man braucht:

ab 3 Jahren

Blumen mit weißer Blüte
Wasser und Wasserfarben oder Tinte
2 Trinkgläser

1. Das Wasser in einem der Trinkgläser wird mit Wasserfarbe oder Tinte gefärbt. Das Wasser im anderen Glas bleibt klar.
2. Mit einem Messer wird der Stängel der Blume geteilt. Die eine Hälfte des Stängels wird nun in das gefärbte Wasser gestellt, die andere in das klare. Und jetzt kann man Erstaunliches beobachten!

Kressefiguren

ab 4 Jahren

Man braucht:
Bleistift
Papier
Schere
Watte
Kressesamen

1. Ein Tier, eine Blume oder ein anderes Motiv wird auf ein großes Blatt Papier gemalt und ausgeschnitten.
2. Die Watte wird angefeuchtet und auf dem ausgeschnittenen Tier oder der Blume ausgebreitet. Dabei sollte man versuchen, die Konturen so genau wie möglich auszufüllen.
3. Dann werden die Kressesamen möglichst dicht auf der feuchten Watte verteilt. Die Watte muss in den nächsten Tagen stets feucht gehalten werden, damit die Samen aufgehen können. Schon nach wenigen Tagen ist die Kressefigur erkennbar.

Gewächshaus bauen bei Eis und Schnee

ab 4 Jahren

Man braucht:
rechteckigen Blumenkasten aus Kunststoff oder Ton
Erde zum Füllen des Kastens
Blumensamen-Mischung

festen Draht
Frischhaltefolie
Nadel und Faden

1. Der Blumenkasten wird bis 2 cm unter den Rand mit
   Erde gefüllt.
2. Die Blumensamen werden in die Erde gedrückt. Wer einen bunten Blumenkasten züchten möchte, sät bunte Samen, genauso gut kann man aber auch nur eine Blumen-
   sorte aussäen.
3. Aus dem Draht werden mehrere Bögen geformt (Anzahl
   der Bögen je nach Länge des Blumenkastens). Die Enden
   der Bögen werden jeweils an den Rand des Kastens gesteckt. Der Abstand zwischen den Bögen beträgt 10 cm,
   ebenso der Abstand vom höchsten Punkt des Bogens zur
   Blumenerde im Kasten.
4. Nun werden von der Frischhaltefolie Bahnen abgetrennt,
   nebeneinander über die Drahtbögen gelegt und die Enden der Folie unter dem oberen Rand des Kastens fest gedrückt. Um die Öffnungen an beiden Seiten des Kastens
   zu verkleinern, trennt man nochmals zwei Bahnen von
   der Folie ab und lässt sie über die beiden äußeren Drahtbögen hängen.
5. Der Kasten wird anschließend von den seitlichen Öffnungen her gegossen und an einen sonnigen Platz in der
   Wohnung gestellt.
6. Wer möchte, kann einen Wachstumskalender anlegen, in
   den täglich das Gießen und das Wachstum der Blumen
   eingetragen wird.
7. Sobald die Pflänzchen die ersten Blätter ausgebildet haben, sorgt man dafür, dass die Blumen ausreichend Platz
   zum Wachsen haben, indem man einzelne Pflänzchen

vorsichtig herauszieht und in den Garten oder einen anderen Blumentopf einpflanzt. Diesen Vorgang nennt man übrigens Pikieren.

Bewässerungsanlage

Man braucht:

ab 4 Jahren

Eimer
Wasser
Baumwoll- oder Wollfaden

Sollte ein Wochenende oder Urlaub bevorstehen, an dem die ganze Familie verreist ist und niemand zurückbleibt, der die frisch gesetzten Samen gießen kann, empfiehlt es sich, eine ganz einfache Bewässerungsanlage zu bauen, die das Beet mit Wasser versorgt.
Ein Eimer wird mit kaltem Wasser gefüllt und ein Baumwoll- oder Wollfaden mit einem Ende hineingehängt. Es muss so viel Faden von der Rolle gewickelt werden, dass das andere Ende sich das Beet entlang schlängelt. Der Faden wird kontinuierlich das Wasser aus dem Eimer ins Beet leiten.

Regenwurmterrarium

Man braucht:

ab 4 Jahren

2 oder 3 Regenwürmer
1 Einweckglas
Erde zum Füllen des Glases
zerkleinerte Blätter
Kaffeesatz
Zwiebelreste
Sandschaufel

1. An Regentagen lassen sich im Park oder Garten besonders einfach Regenwürmer in ein Einweckglas sammeln. Mit der Schaufel wird reichlich Erde in das Glas gefüllt. Bevor man den Heimweg antritt, sammelt man noch ein, zwei Blätter von Bäumen oder Büschen.

2. Zu Hause werden die Blätter zerkleinert, und die Eltern steuern noch etwas Kaffeesatz bei. Beides steht auf der Speisekarte der Regenwürmer und wird auf die Erdoberfläche im Glas gestreut.

3. Jetzt muss man abwarten. Nach einigen Tagen kann man beobachten, wie die Regenwürmer an die Erdoberfläche kriechen, um sich Nahrung von oben zu holen. Mit ein wenig Glück verlaufen die Gänge der Würmer an der Außenwand des Glases. So ein Terrarium macht Kindern anschaulich, wovon Regenwürmer leben und woher sie sich ihre Nahrung holen.

4. Und woher haben die Regenwürmer ihren Namen? Wenn man so viel Wasser in das Glas gießt, dass die Gänge voll laufen, werden die Würmer versuchen, so schnell wie möglich an die Oberfläche zu gelangen, denn sie können im Wasser nicht atmen. Und wenn es in der freien Natur reichlich regnet, kriechen diese Würmer daher aus der Erde und heißen deshalb *Regen*würmer.

Bastelitis

Es gibt eigentlich kein Kind, dass nicht mit Leib und Seele kreativ ist. Leere Toilettenpapierrollen, ausgediente Pappkartons, Holzlatten, Verpackungsmaterial in Form von Styropor oder Schaumstoff: All das können Kleinkünstler gut gebrauchen und verstehen ganz und gar nicht, wieso die Erwachsenen solche Schätze einfach auf den Müll werfen. Man gebe einem tatkräftigen kleinen Kerl Schere, Papier, Stoffreste, Karton und jede Menge Kleber – und im Handumdrehen entsteht daraus ein prächtiges Piratenschiff. Es sind oftmals gar nicht die aufwändigen Bastelprogramme, welche meist die erfahrene Hand eines Erwachsenen benötigen, die die Kinder zum fantasievollen Gestalten anregen. »Selbst ist der Künstler«, denn je unaufwändiger in der Vorbereitung und je unkomplizierter in der Ausführung, umso motivierter sind vor allem jüngere Kinder. Hier sind Vorschläge zum Werkeln zusammengestellt, deren Materialien in fast jedem Haushalt vorhanden oder zumindest leicht zu beschaffen sind. Bastelwütige Künstler können also mit der Arbeit spontan loslegen.

Buntes Windlicht
Man braucht:
1 leeres Marmeladenglas
buntes Transparentpapier
Tapetenkleister
1 breiten Pinsel
1 Teelicht

ab 3 Jahren

Gerade in der dunklen Jahreszeit sorgt ein Windlicht für Gemütlichkeit in der Stube. Außerdem ist es kinderleicht anzufertigen und eignet sich auch gut als Geschenk für die lieben Verwandten.

1. Man rührt ein wenig Kleister mit Wasser an und lässt diesen einige Zeit quellen.
2. Ein leeres, gut ausgespültes Marmeladenglas – es kann natürlich auch jedes andere leere Glas sein – wird von seinem Etikett befreit. Dazu lässt man es in warmem Wasser einweichen, nach einigen Minuten kann man das Papier leicht entfernen.
3. Nun reißt man verschiedenfarbiges Transparentpapier in kleine Stücke.
4. Der Kleister wird gleichmäßig mit einem breiten Pinsel auf die trockene Außenfläche des Glases gestrichen, auf die man anschließend die Transparentpapierschnipsel klebt. Die Schnipsel sollten sich immer leicht überlappen, damit das Glas vollständig mit buntem Papier bedeckt ist. Zum Schluss streicht man nochmals vorsichtig eine Schicht Kleister darüber, damit das gesamte Papier gut auf dem Glas haftet. Wenn das Windlicht vollkommen durchgetrocknet ist, wird ein Teelicht hineingestellt. Wenn es draußen dunkel ist, leuchtet das Glas besonders schön vor dem Fenster.

ab 3 Jahren

Salzteigobst und -gemüse für den Kaufladen

Man braucht:
1 Tasse Mehl
1 Tasse Salz
8-10 EL Wasser
Messer
verschiedenfarbige Schnurreste, grünen Bast
Plakafarben

1. Zunächst wird der Teig aus Mehl, Salz und Wasser angerührt und gut durchgeknetet.
2. Dann kann man alle möglichen Formen, von der Möhre
   über die Kirsche, die Erdbeere bis hin zur Salatgurke kneten. Mit dem Messer wird die für das Obst oder das Gemüse typische Maserung in den Teig geritzt. Dann werden die entsprechenden farbigen Schnüre angebracht. Bei
   einer Möhre zum Beispiel wird in das dickere Ende oben
   ein Loch gebohrt, in das einige grüne Bastfäden oder andere grüne Schnüre gesteckt werden. Damit sie in dem
   Teig halten, wird das Loch um die Schnüre herum zuge-
   drückt.
3. Die Formen werden nun 1 Stunde bei 175 Grad im Ofen
   gebacken.
4. Nach dem Abkühlen kann man dann das Obst und Gemüse anmalen.

Kneten mit Spielteig
Man braucht:
750 ml Wasser
500 g Mehl
250 g Salz

ab 3 Jahren

1. Alle Zutaten werden in einem großen Topf zusammenge-
   schüttet und gut miteinander verrührt, bis der Teig klum-
   penfrei ist. (Am besten nimmt man ein Rührgerät zu Hilfe.)
2. Bei mäßiger Hitze wird der Teig unter ständigem Rühren
   im Topf auf dem Herd gekocht, bis ein Kloß entstanden
   ist.
3. Bevor man mit dem Kneten beginnt, muss der Teig gut
   ausgekühlt sein. Dann lässt sich mit dem Spielteig model-

lieren. Wickelt man unbenutzten Teig in Frischhaltefolie, bleibt er ein paar Tage knetbar. Fertige Figuren lässt man einfach an der Luft trocknen, bis sie hart sind.

ab 4 Jahren

Familienchronik

Man braucht:
Fotos der Familie und der nächsten Verwandten
Klebstoff
Schere
Wasserfarben oder Buntstifte
einen großen Bogen Papier (von einer Tapetenrolle oder Packpapier)

»Wer ist der Papa von meinem Papa, und warum haben meine Cousinen die gleiche Oma wie ich?« Auch für Kinder ist die Frage ihrer Herkunft eine spannende Sache. Um zu veranschaulichen, wer von wem abstammt, bastelt man am besten einen Stammbaum. So lassen sich komplizierte verwandtschaftliche Beziehungen am besten erkennen.
Aber zu kompliziert sollten die Verwandtschaftsstränge nicht sein. Es reicht vollkommen, wenn bei den Großeltern väter- oder mütterlicherseits angefangen wird. Ein Kind könnte die väterliche, das andere die mütterliche Linie verfolgen. Weiter geht es mit den Kindern der Großeltern, also mit den eigenen Eltern und eventuell Tanten und Onkel. Am Ende der Linie stehen wieder deren Kinder.
1. Man sucht sich von jedem Verwandten ein Foto heraus.
2. Auf dem großen Bogen Papier malt man zunächst einen Baum, den späteren Stammbaum. Die verzweigten Äste sollten dabei schon der Anzahl der Familienmitglieder entsprechen.
3. Zum Schluss klebt man die Fotos an die Äste und stattet

den Baum zusätzlich mit gemalten Blättern oder F
ten aus – ganz wie man möchte.

Familienmemory
Man braucht: ab 4 Jahren
Karton (nicht zu dick)
Schere
Fotos von Familienmitgliedern
Klebstoff

1. Der Karton wird in gleich große Vierecke von der Größe ori-
   ginaler Memorykarten geschnitten. Wie viele man zuschnei-
   det, hängt davon ab, wie groß das Memory-Spiel werden soll.
2. Die Fotos der Familienmitglieder werden zusammengestellt und bearbeitet. Dazu schneidet man ein Foto, auf
   dem ein Mitglied der Familie abgebildet ist, in zwei Teile.
   Zum Beispiel trennt man den Bildausschnitt mit dem
   Kopf von dem Ausschnitt des Körpers ab.
3. Nun werden die Fotos auf die Karten geklebt. Bei dem
   Spiel muss man zu dem Kopfteil eines Familienmitgliedes
   das passende Unterteil finden.

Traumwohnung
Man braucht: ab 4 Jahren
verschiedene Illustrierte, Prospekte oder Möbelkataloge
Schere
Klebstoff
1 großen Bogen Papier (z. B. Tapetenrolle, Packpapier)

Wenn man schon nicht im eigenen Haus oder in der eigenen Wohnung bestimmen kann, so wenigstens in diesem
selbst gebastelten Haus.

1. Auf einen großen Bogen Papier werden die Umrisse eines Hauses mit mehreren Geschossen oder der Grundriss der eigenen Wohnung gemalt.
2. Dann werden die Möbel und die verschiedensten Einrichtungsgegenstände aus den verschiedenen Zeitschriften und Prospekten ausgeschnitten und an die Plätze im Traumhaus oder in der Wohnung geklebt, wo sie einem gefallen.

ab 4 Jahren

Fühlbox

Man braucht:
einen Schuhkarton oder anderen Karton
von ähnlicher Größe
Wachsmalstifte, Buntstifte oder Wasserfarben
Schere

In eine Fühlbox legt man verschiedene Gegenstände, die der andere durch Ertasten erraten muss. Man kann eine solche Box unter einem bestimmten Motto gestalten, zum Beispiel als Piraten-Fühlbox oder Schatzkiste.
1. Mit ausgewählten Motiven malt man den Karton bunt an, damit er zum Hineingreifen einlädt. In die Mitte der Oberseite schneidet man mit einer Schere ein Loch, das so groß sein muss, dass auch ein Erwachsener die Hand hindurchstecken kann.
2. Nun legt man irgendwelche Dinge hinein, zum Beispiel einen Radiergummi, eine Tesafilmrolle, ein Spielfigürchen, die der andere erfühlen und erraten muss.

ab 4 Jahren

Basteln mit Herbstfrüchten
Man braucht:
Handbohrer

60

Eicheln, Kastanien, Ahornpropeller (Ahornsamen), Hagebutten, Bucheckern, Tannenzapfen
Streichhölzer
Schere

Im Herbst, wenn Eicheln und Kastanien in Hülle und Fülle von den Bäumen fallen, ist diese Bastelaufgabe ein Muss. Welche Figuren aus Eicheln und Kastanien entstehen, ist ganz der Fantasie überlassen. Man kann ein Pferd, ein Männchen, eine Schlange, einen Tausendfüßler, ein Schwein aus einem Zapfen und vieles mehr aus den Früchten basteln.
1. Mit Hilfe eines Handbohrers werden Löcher in die Kastanien oder Eicheln gebohrt.
2. Die Streichhölzer, die mit einer Schere beliebig gekürzt werden können, dienen als Verbindungsstücke für die Herbstfrüchte oder als Arme und Beine. Bucheckern werden zu Hüten oder Ohren für das Tannenzapfenschwein, Ahornpropeller werden Flügel usw.

Mobile am Kleiderbügel
Man braucht:
buntes Tonpapier
Schere
buntes Transparentpapier oder Glanzpapier
Klebstoff
Alufolie/Watte/Spitzerspäne etc.
Bindfaden oder Wollreste
1 große Nähnadel oder Stopfnadel
Drahtkleiderbügel

ab 4 Jahren

1. Zuerst überlegt man sich, welches Motiv das Mobile haben soll, zum Beispiel Schafe, Vögel oder Schmetterlinge.

Es ist natürlich auch möglich, dass man ganz unterschiedliche Formen an das Mobile hängen möchte. Auf das bunte Tonpapier werden die unterschiedlichen Motive aufgezeichnet. Wer ein einheitliches Mobile basteln möchte, der macht sich zum Beispiel für die Vögel eine Schablone, sodass alle Vögel die gleiche Form haben. Diese werden auf verschiedene Farbtöne des Tonpapiers aufgemalt und anschließend ausgeschnitten.

2. Die einzelnen Motive kann man unterschiedlich gestalten. Aus dem bunten Transparentpapier dreht man kleine Kügelchen, die auf beiden Seiten dicht aneinander auf ein ausgeschnittenes Motiv geklebt werden. Aus verschiedenfarbigen Glanzpapierbögen reißt man kleine Stücke und beklebt ebenfalls beidseitig das Mobilemotiv. Diese Arbeit setzt man nun mit den verschiedenen Materialien fort: so zum Beispiel mit der Alufolie, die man für bessere Lichteffekte leicht knittert. Wem noch weitere Materialien zum Schmuck der Mobilemotive einfallen, der kann diese selbstverständlich ergänzen.

3. Als Nächstes werden ungefähr 20 cm lange Bindfäden an den Motiven befestigt. Am einfachsten verwendet man dazu eine große Näh- oder Stopfnadel, fädelt den Faden oder die Wolle ein, sticht damit durch den oberen Teil des Motivs und zieht den Faden durch. Die Fadenenden werden jeweils an dem Mobilemotiv und an verschiedenen Stellen eines Kleiderbügels verknotet. Zum Schluss wird der Drahtkleiderbügel verbogen, damit die Mobileteile nicht in einer Reihe hängen.

Walnusskäfer

Man braucht:
Walnüsse
1 Nussknacker
schwarzes Papier
Bleistift
Schere
Klebstoff
Plakafarben

1. Die Nüsse werden vorsichtig geknackt und die Kerne herausgelöst, ohne die Schalen dabei zu zerbrechen.
2. Eine Nussschalenhälfte wird auf das schwarze Papier gelegt und ihre Umrisse mit einem Bleistift nachgezogen.
3. Nun nimmt man sie weg und zeichnet an den »Nusskreis« breite Fühler und Beine, sodass sie anschließend gut ausgeschnitten werden können.
4. Auf die Ränder der Nussschale streicht man vorsichtig Klebstoff und drückt sie auf die ausgeschnittene Form. Beinchen und Fühler müssen unter der Nuss hervorschauen.
5. Zum Schluss bemalt man den Käferkörper mit Plakafarben je nach Käferart; den Marienkäfer rot mit schwarzen Punkten, den Maikäfer braun mit schwarzen Streifen usw.

Walnussregatta

Man braucht:
mehrere Walnüsse
Nussknacker
Knete
kleine farbige Papierschnipsel
Streichhölzer in der Anzahl der Regattaschiffchen

1. Die Nüsse werden vorsichtig geknackt und die Kerne herausgelöst und gegessen.
2. Von der Knete trennt man so viele Stückchen ab, wie es Regattaboote geben soll, rollt kleine Kügelchen und drückt diese in die Nussschalenhälften.
3. Die Papierschnipselchen durchsticht man mit den Streichhölzern und steckt diese als kleine Segel in die Knetekügelchen am Boden der Nussschalen.
4. Ins Waschbecken, eine große Schüssel oder in die Wanne wird Wasser eingelassen und die Boote werden hineingesetzt.
5. Jeder hat nun seine Boote, die er mit kräftigem Pusten voranbewegen muss, mit dem Ziel, die der anderen zu überholen, bevor sie den Rand von Wanne, Schüssel oder Waschbecken berühren.

ab 5 Jahren

Korkfiguren

Man braucht:
mehrere Korken
Küchenmesser
Küchenbrett
Klebstoff
Filzreste
Schere

1. Für diese Bastelarbeit sollte man schon sicher mit einem Messer umgehen können, denn die Korken werden zum Teil in kleine Stücke geschnitten. Welche Figuren, ob Tiere oder Menschen, entstehen, ist jedem freigestellt. Wer einen Hund basteln möchte, genauer gesagt einen Dackel, der findet hier eine Anleitung dafür.
2. Der Korken für den Körper bleibt unbearbeitet. Für den

Kopf braucht man nur eine Hälfte des Korkens, also schneidet man ihn quer durch. Aus der anderen Hälfte werden die vier Beine geschnitten.

3. Der Kopf wird nun auf den Körper geklebt, und zwar so, dass er ungefähr zur Hälfte vorsteht. Je zwei Beine werden rechts und links etwa auf halber Höhe des Körpers angeklebt. Achtung: Es dauert eine Weile, bis die Teile aneinanderkleben!

4. Aus dem Filz werden nun eine Zunge, zwei Schlappohren, zwei Augen und ein Schwanz geschnitten. Die Ohren und die Augen werden an dem Kopf festgeklebt. Aus der flachen Vorderseite des Kopfes wird ein Maul keilförmig herausgeschnitten. In die entstandene Öffnung wird die Zunge hineingeklebt. Jetzt sieht es so aus, als ob der Dackel hechelt. Um den Schwanz zu befestigen, schneidet man am Ende des Rückens einen kleinen Schlitz, in den der Schwanz hineingeklemmt wird.

Landkarten malen

Man braucht:
1 großen Bogen Papier (z. B. Tapetenrolle, Packpapier)
Buntstifte

ab 6 Jahren

Kartenlesen ist eine Fähigkeit, die man nicht zu früh lernen kann. Man fängt am besten im kleinen Maßstab an, indem zunächst einmal eine Karte vom Kinderzimmer oder der eigenen Wohnung gezeichnet wird. Ältere Kinder können von ihrem Lebensumfeld eine Karte anfertigen: der Weg vom Haus zur Schule, in den Park, zum Supermarkt, zu den Freunden, zum Sportplatz usw.

Damit man sich nicht nur an aufgezeichneten Wegen orientieren muss, sollte man besonders bei der Kartenzeichnung der Wohnung Farben benutzen. Ist der Teppich im Kinderzimmer rot, so malt man ihn auch rot in die Karte ein. Das hilft bei der Orientierung.

Mit solchen Karten kann man auch Spiele veranstalten, z. B. die Gummibärchensuche. Ein Gummibärchen wird irgendwo in der Wohnung versteckt. Durch ein mit Bleistift eingezeichnetes Kreuz auf der Karte gibt man einen Hinweis, wo man es finden kann. Der andere darf nun mit Hilfe der Karte auf die Suche gehen.

Schriftsteller und Buchbinder

ab 6 Jahren

Man braucht:

Papier

Stift

4-6 Seiten stärkeren weißen Karton

Plakafarben

Pinsel

Handbohrer oder Locher

Kordel

1. Ein Buch soll nicht nur schön aussehen. Es braucht auch eine gute Geschichte. Die sollen sich die Kinder ausdenken. Kinder, die schon in die Schule gehen, schreiben sie selber auf, bei den anderen helfen die Eltern. Die Geschichte sollte jedoch nicht zu lang sein, damit das selbst gemachte Buch fertig wird, bevor der Elan nachlässt.

2. Jeweils auf die Vorderseite des Kartons wird das Bild zur Geschichte gemalt und auf die Rückseite das Papier mit dem dazugehörigen Text geklebt. Wichtig ist, dass – wie bei einem echten Buch – der jeweiligen Situation der Geschichte das passende Bild dazu gegenübersteht. Auf die Vorderseite des ersten Kartons kommt also das Titelbild,

auf die Rückseite wird der erste Text geschrieben, der zu dem Bild der Vorderseite des zweiten Kartons gehört, usw. Für die Illustrationen eignen sich besonders gut Plakafarben. Wenn man möchte, kann man auch die Textseiten mit Farbe unterlegen.

3. Sind alle Kartons bemalt und die Geschichte eingeklebt, muss alles gut durchtrocknen. Dann kann man die Seiten aufeinander legen und je nach Dicke des Kartons mit dem Locher oder Handbohrer zwei Löcher am linken Rand der Vorderseite hineinstanzen. Mit der Kordel wird das Buch zusammengebunden.

Samt und Seide

Für Bastelarbeiten und Spiele mit Stoff wird die heimische »Lumpenkiste« geplündert. Wenn Nähen Mutters Hobby ist, dürfte es kein Problem sein, genügend Stoffreste zusammenzukriegen. Wenn nicht, kann man auch in Stoffläden oder Einrichtungshäusern nach Mustern oder Stoffresten fragen. Je unterschiedlicher die Stoffe, umso besser. Für unsere Bastelideen benötigt man Wollstoffe, Jeansstoffe, karierte, gestreifte, gepunktete Stoffe, Glitzerstoffe, dicke Stoffe, dünne Stoffe usw. Wer eine große Auswahl zur Verfügung hat, der kann Kochlöffelpuppen oder Stoffmännlein kunterbunt und fantasievoll anziehen. Aus Stoffresten wird im Handumdrehen eine Prinzessin, ein Zwerg, ein Räuber oder eine Hexe gezaubert. Und endlich darf man einmal selbst bestimmen, was man anziehen möchte. Karierte Hose mit Ringelhemd? Kein Problem!

ab 4 Jahren

Holzlöffelpuppen
Man braucht:
verschiedene bunte Tücher oder Stoffreste, ca. 20-30 cm lang und breit
1 hölzernen Kochlöffel pro Puppe
2 Kordeln oder buntes Geschenkband, je ca. 10 cm
Plakafarbe
Requisiten wie kleines Kopftuch, Hütchen, Puppengürtel, Wollfäden oder Watte für die Haare oder den Bart

1. Ein Tuch wird über den Löffel gelegt und um den Stiel herum mit einer Kordel oder buntem Geschenkband fest zusammengebunden. Eine zweite Kordel wird auf der

Höhe der Taille gebunden. Man kann für das Unterkleid der Puppe auch einen anderen Stoff verwenden, um sie bunter aussehen zu lassen.

2. Mit Plakafarbe wird ein Gesicht auf den Stoff gemalt – ein Bart aus Watte oder Wollfäden wird angeklebt und ein Hütchen aufgesetzt oder ein Kopftuch umgebunden. Aus buntem Papier kann man auch einen Zauberhut basteln.

3. Wenn nun das Stielende unter dem Unterkleid mit der Hand bewegt wird, sieht es aus, als würde die Puppe lebendig werden. Mit mehreren Puppen kann man dann sogar kleine Theaterstücke aufführen.

Ballontrampolin

ab 4 Jahren

Man braucht:
Tuch oder Stoffrest (ca. 1 x 1 m)
einen oder mehrere Luftballons oder Softbälle
2 oder 4 Mitspieler

Das Tuch liegt auf dem Fußboden. Ein oder mehrere Luftballons oder Bälle liegen darauf. Spielt man das Spiel zu zweit, nimmt jeder nun zwei Ecken des Tuches, bei vier Mitspielern jeder eine und hebt es zusammen mit den Ballons oder Bällen auf. Dann bewegt man das Tuch vorsichtig auf und ab, sodass die Ballons oder Bälle in die Luft fliegen und wieder auf dem Tuch landen. Ziel des Spiels ist es, die Ballons oder Bälle so lange wie möglich auf und ab springen zu lassen, ohne dass sie auf den Boden fallen.

Adventskalender

ab 4 Jahren

Man braucht:
24 leere Toilettenpapierrollen
24 bunte Stoffreste, ca. 30 cm lang und breit

1 Seil ca. 1–1,50 m
farbiges Geschenkband
Klebstoff
Schere

1. Je eine leere Toilettenpapierrolle wird rund herum mit
Klebstoff bestrichen. Die Rolle wird mittig auf ein Stoff-
quadrat gelegt und der Stoff um die Rolle gewickelt. Die
Enden werden wie bei einem Bonbon mit Geschenkband
zugebunden, wobei an einer Seite des »Bonbons« die Enden des Geschenkbandes ca. 10 cm lang sein sollten, damit
man ihn später bequem an das Seil binden kann.
2. Dann wird das Seil an den beiden Enden an einer Zim-
mer-, Flur- oder Regalwand aufgehängt.
3. Wenn alle 24 Rollen fertig gebastelt sind und nebeneinander an dem Seil hängen, können die Rollen zur Ad-
ventszeit von den Eltern mit kleinen Überraschungen gefüllt werden.

ab 4 Jahren

Modedesigner
Man braucht:
T-Shirts, unbedruckte Baumwolltaschen oder weiße Schür-
zen
Textilfarbe

Jeder ist sein eigener Textildesigner und bemalt sich selbst
sein T-Shirt, Einkaufstäschchen oder auch die Küchenschür-
ze mit seinen liebsten Motiven. Wer es ganz korrekt haben
will, nimmt Schablonen zu Hilfe, genauso schön sind natürlich frei Hand gezeichnete Kunstwerke.

Murmellabyrinth

Man braucht:
2 gleich große viereckige Stoffreste, ca. 30 cm lang und breit
Nadel und Faden, ersatzweise Klammeraffe
Schere
1 Murmel

1. In die Mitte des Stoffs wird ein Loch in der Größe der Murmel geschnitten.
2. Die beiden Stofflagen werden übereinander gelegt und am Rand zusammengenäht oder -geklammert.
3. Dann wird die Murmel zwischen die Stofflagen geschoben. Jetzt näht oder klammert man kreuz und quer Labyrinthwege für die Murmel bis zum Loch in der Mitte. Die Wege sollten nicht zu eng sein, damit die Murmel überall bequem durchgedrückt werden kann.

Stoffmännlein

Man braucht:
Papier
verschiedene bunte Stoffreste
Schere
Klebstoff
bunte Stifte

1. Auf ein Blatt Papier wird ein Gesicht gemalt.
2. Aus verschiedenen bunten Stoffresten werden Kleidungsstücke für die Stoffmännlein ausgeschnitten: Hut, Jacke oder Pullover, Hose, Schuhe.
3. Die bunten Kleidungsstücke werden unterhalb des aufgemalten Gesichts aufgeklebt, als würde das Männlein angezogen.

71

4. Mit bunten Stiften werden Hände oder Füße ergänzt. Auch andere Utensilien wie einen Wanderstock, einen Zauberstab, Hexenbesen o. Ä. kann das Männlein gut gebrauchen.

Gruppenspiele

Wenn viele Kinder zusammen sind und wegen schlec... Wetters nicht zur »Auslüftung« vor die Tür können, dann kann es schon mal turbulent und chaotisch zugehen. Spiele, bei denen mehrere Kinder mitmachen können, bändigen die Rasselbande und sorgen obendrein für gute Laune im Kinderzimmer. Wir haben hier Spiele zusammengestellt, die Kinder aller Altersgruppen einbeziehen und den Großen wie den Kleinen Spaß machen werden.

Der Pharao und die Mumie

ab 3 Jahren

Jeweils zwei Kinder spielen zusammen. Ziel des Spiels ist es, das ein Kind seinen Partner möglichst schnell von Kopf bis Fuß mit Toilettenpapier einwickelt. Das Kind, das eingewickelt wird, darf durch seine Bewegungen das Einwickeln unterstützen. Nach Ablauf der vereinbarten Zeit (beispielsweise 1 Minute) muss das Einwickeln gestoppt werden. Sieger ist das Paar, das die Mumifizierung am weitesten vorangetrieben hat.

Kleiner Tipp: Es empfiehlt sich, ein mehrlagiges Toilettenpapier zu verwenden, das nicht sofort reißt.

Gespenstersuche

ab 3 Jahren

Man braucht:
1 Taschenlampe
mindestens 2 Mitspieler (je mehr mitspielen, desto spaßiger wird es)

Gerade in der kalten Jahreszeit, wenn es früh dunkel wird, erwachen die kleinen Gespenster schon vor der Geisterstunde und treiben ihr Unwesen. Ihnen muss man das Handwerk legen.

Alle Lichter in der Wohnung werden gelöscht, sodass es gruselig dunkel ist. Die Kinder vereinbaren untereinander, wer der Gespensterjäger ist und wer Gespenst. Der Jäger bekommt die Taschenlampe und zählt langsam bis zehn, währenddessen bleibt die Taschenlampe noch ausgeschaltet. Dann ruft er: »Vorsicht, Gespenster, ich komme!«, schaltet die Taschenlampe an, und die Suche beginnt. Das erste entdeckte Gespenst ist in der nächsten Runde der Jäger.

ab 4 Jahren

Talentshow

Wer kann den längsten Handstand? Wer kann die witzigsten Grimassen schneiden? Wer kann am schönsten reimen?

Hier gilt es zu zeigen, was man besonders gut kann, und sich in einer Talentshow mit anderen zu messen.

1. Für die Benotung der dargebotenen Künste fertigt man Pappschilder an, auf denen die Zahlen von 1 bis 6 zu sehen sind. Die Zahl der Schilder richtet sich nach der Anzahl der Juroren, sind es zwei, braucht man also insgesamt 12 Schilder.

2. Die Kinder einigen sich vor der jeweiligen Showrunde, in welcher Disziplin sie ihre Talente zeigen werden und wer von ihnen daran teilnehmen möchte. Die Kinder, die zur Jury gehören, nehmen am Wettbewerb natürlich nicht teil.

3. Haben sich die Kinder beispielsweise auf die Show »Wer schneidet die witzigste Grimasse« geeinigt, gibt die Jury das Zeichen zum Start, und die Teilnehmer führen der Reihe nach ihre Grimassen vor.

4. Jede Darbietung wird von den Jurymitgliedern bewertet, indem das entsprechende Pappschild in die Höhe gehal-

ten wird. Die Benotungen werden zusammenaddiert, und der Wettkämpfer mit der höchsten Punktzahl hat gewonnen.

Als zusätzliches Rechenspiel können die Punkte von einer Show zur nächsten jeweils addiert werden, und am Ende aller Vorführungen kürt man dann den Sieger.

Flaschendrehen

ab 4 Jahren

Die Kinder setzen sich im Kreis auf den Boden, in der Mitte liegt eine leere Flasche. Bevor die Flasche gedreht wird, einigt man sich darauf, was derjenige, auf den der Flaschenhals zeigt, machen muss. Zum Beispiel: einmal auf einem Bein durch die ganze Wohnung hüpfen oder der Mutter des Hauses einen Kuss auf die Wange geben oder am zur Straße geöffneten Fenster ein Lied singen.

Pantomime

ab 4 Jahren

Es geht auch ohne Worte. Bei diesem Spiel soll mit Mimik und Gestik erzählt werden. Alleine oder auch zu mehreren wird eine kleine Szene erdacht, die man pantomimisch darstellt. Beispielsweise ein Besuch beim Arzt.

Man kann daraus auch ein pantomimisches Ratespiel machen. Einer der Mitspieler überlegt sich eine Person, die alle anderen kennen, und stellt charakteristische Züge dar, von denen die anderen auf diese Person schließen müssen. Gut pantomimisch darstellen und erraten lassen sich auch Tiere und Berufe.

Walnussbömbchen

Man braucht:
Kreide
3 Haselnüsse pro Kind

ab 4 Jahren

1 Walnuss
Wachsmalstifte in so vielen Farben, wie Kinder mitspielen

Auf den Boden wird mit Kreide ein Kreis von ca. 20 cm Durchmesser gezeichnet. Die Kinder markieren ihre 3 Haselnüsse mit einer Farbe und legen sie dicht nebeneinander in den Kreis. Jeder darf nun der Reihe nach aus etwa 1 Meter Höhe die Walnuss auf den Haselnusshaufen fallen lassen. Nach jedem Bömbchen darf derjenige, der geworfen hat, die Haselnüsse einsammeln, die aus dem Kreis geschleudert wurden. Danach werden alle übrigen Nüsse wieder zu einem Häufchen zusammengeschoben und der Nächste darf die Walnuss fallen lassen. Sieger ist der mit den meisten Haselnüssen.

ab 4 Jahren

Murmelboule
Man braucht:
mindestens 2 Mitspieler
2 Murmeln pro Mitspieler und eine kleine
Zielmurmel

Am besten spielt man dieses Spiel auf Teppichboden oder einer Decke. Die Zielmurmel wird von einem Mitspieler aufs Spielfeld gerollt und liegt jetzt mindestens 2 Meter entfernt von der vereinbarten Einwurflinie. Alle Mitspieler werfen nun ihren ersten Klicker so nah wie möglich an die Zielmurmel. Dabei dürfen auch die Murmeln der Mitspieler aus der Bahn geschossen werden, um die eigene Murmel in eine bessere Position zu bringen. Jeder Mitspieler hat zwei Versuche. Wenn alle ihre Murmeln geworfen haben, wird festgestellt, wessen Klicker der Zielmurmel am nächsten ist. Derjenige hat gewonnen.

Murmelkreis

Man braucht:
Kreide
1 Murmel pro Kind (ersatzweise Walnüsse)

ab 4 Jahren

In etwa 2-3 Meter Entfernung von der Wurflinie wird ein Kreis von etwa 30 cm Durchmesser gezeichnet. Die Kinder versuchen der Reihe nach, ihre Murmel oder Walnuss in den Kreis zu werfen. Wem es gelingt, der darf die außerhalb des Kreises liegenden Murmeln sofort einsammeln.

Schatzsuche

Man braucht:
mindestens 2 Mitspieler
Post-its
Stift
einen kleinen Schatz (beispielsweise so viele Bonbons wie Mitspieler)
1 kleine Schachtel oder Kiste

ab 5 Jahren

Die Kinder vereinbaren untereinander, wer von ihnen den Schatz versteckt. Die restlichen Mitspieler sind die Schatzsucher. Gemeinsam werden Pfeile auf die Post-its gemalt und diese dann durchnummeriert – insgesamt mindestens 10-20 Zettelchen. Der Schatzmeister sucht ein möglichst kniffliges Versteck aus und klebt die Post-its mit den Pfeilen an nicht sofort auffindbare Stellen in der gesamten Wohnung. Die Pfeile müssen vom Ausgangspunkt der Suche aus auf den Ort des Schatzes weisen. Die Schatzsucher müssen alle Zettel finden und zwar in aufsteigender Zahlenfolge. Wenn der Schatz gefunden wurde, teilen die Schatzsucher brüderlich.

ab 8 Jahren

Lexikonspiel

Man braucht:

mindestens 4 Mitspieler

Fremdwörterduden

Papier und Stifte

Für dieses Spiel müssen die Kinder bereits gut lesen und schreiben können. Ein Mitspieler sucht aus dem Fremdwörterduden ein Wort heraus, das garantiert niemand der anderen kennt, und sagt es laut – unter Umständen muss er es auch buchstabieren. Alle schreiben hinter vorgehaltener Hand auf ein Blatt Papier ihre Erklärung des Begriffs, die in Stil und Wortwahl der des Dudens entsprechen sollte. Derjenige, der den Begriff ausgewählt hat, schreibt die Erklärung des Dudens auf seinen Zettel. Die Zettel werden gefaltet und dem Wortgeber überreicht. Dieser liest nun mit größtem Ernst alle Erklärungen der Reihe nach vor – er darf auf keinen Fall dabei lachen oder schmunzeln, egal wie absurd die Definitionen sein mögen. Nun müssen die anderen Spieler raten, welche der Erklärungen die des Dudens ist. Die Punkteverteilung nach jeder Runde verläuft folgendermaßen: Der oder die Mitspieler, deren Definition für die des Dudens gehalten wurde, bekommen von jedem dieser Mitspieler einen Punkt. Wer die Dudenerklärung erkannt hat, bekommt ebenfalls einen Punkt. Die Punkte jedes Spielers werden auf einem Blatt notiert und nach Beendigung des Spiels addiert.

Malen und Zeichnen

Pustebilder

ab 2,5 Jahren

Man braucht:
Wasserfarben
Pinsel
Papier
Strohhalm

Die Wasserfarben werden mit einem Pinsel und reichlich Wasser angerührt und auf das Papier aufgetragen. Mit einem Strohhalm wird die Farbe in verschiedene Richtungen auf dem Papier gepustet. Besonders schön sieht das Bild aus, wenn man verschiedene Farben verwendet. Mit dieser Technik lassen sich hübsche Einladungs- und Grußkarten herstellen.

Kartoffeldruck

ab 3 Jahren

Man braucht:
3 Kartoffeln
Küchenmesser
Küchenkrepp
Plakafarben
Pinsel
Papier

Mit Kartoffeln können auch kleinere Kinder lustige Bilder stempeln, allerdings müssen die Eltern helfen, Formen aus den Kartoffeln auszuschneiden. Schmutzige Kartoffeln sollten gründlich gewaschen werden, dann halbiert man sie quer. Mit einem spitzen Küchenmesser werden an der

Schnittfläche Muster herausgeschnitten. Es eignen sich geometrische Formen wie Kreis, Dreieck, Quadrat oder Sterne, Blumenmotive, Blätter etc. Mit Küchenkrepp wird die Schnittseite der Kartoffel trocken getupft.

Die Farbe wird nun mit einem Pinsel auf die Stempelform aufgetragen und auf das Papier gedrückt. Mit Kartoffeldruck kann man lustiges, buntes Geschenkpapier, Einladungs- oder Grußkarten selbst gestalten oder einfach bunte Bilder drucken.

Auch andere Gegenstände eignen sich prima als Stempel, wie z. B. Wäscheklammern, Knöpfe, Schwämme, Kämme oder Radiergummis.

ab 3 Jahren

Spiegelbilder

Man braucht:

Wasserfarben

Papier

Pinsel

Bei Spiegelbildern entstehen ganz zufällig oftmals wahre Kunstwerke. Zunächst faltet man ein Blatt Papier in der Breite und klappt es wieder auf. Dann werden verschiedene Farben, die reichlich mit Wasser angerührt sind, mit dem Pinsel auf eine Hälfte aufgetragen. Dabei können Muster gemalt werden, was aber nicht zwingend nötig ist. Die leere Seite des Papiers wird auf die bemalte Seite gedrückt und mit der Hand glatt gestrichen, sodass sich die feuchte Farbe verteilen kann. Das Papier wird wieder aufgefaltet und fertig ist das bunte Spiegelbild. Die Kinder begutachten gemeinsam das Ergebnis und versuchen reale Dinge oder Fantasiefiguren zu erkennen.

Die Spiegelbilder kann man als Gruß-, Gratulations- oder

80

Einladungskarten verwenden, indem die beiden farbigen Hälften nach außen geklappt werden und die Karte innen auf den unbedruckten Seiten beschrieben wird.

Konfettibilder

Man braucht:
Locher
buntes Papier
weißes Papier
Klebestift

Mit einem Locher stanzt man aus buntem Papier reichlich Konfetti aus und schüttet es anschließend zu einem Häufchen auf den Tisch.
Die Fläche, die man auf dem weißen Blatt bekleben möchte, bestreicht man mit einem Klebestift. Mit einer angeleckten Fingerspitze kann man mühelos Konfetti um Konfetti aufnehmen und auf das Blatt kleben.

Bodypainting

Man braucht:
Pinsel
Wasserfarben

ab 3 Jahren

Bevor abends die große Wäsche beginnt, darf man ausnahmsweise mal nicht nur auf Papier, sondern auf dem eigenen Bauch malen. Kinder lieben Tattoos, doch keine Sorge, mit Wasserfarben gemalt sind sie nicht von langer Dauer. Jeder kann seinen eigenen Körper bemalen, wie er möchte, und an unerreichbaren Stellen lässt man Geschwister oder Freunde malen.

Bohnenbilder

Man braucht:

Papier

Bleistift

rote oder weiße Bohnen, Reis, rote oder grüne Linsen, Erbsen

Klebstoff aus der Tube

Auf ein Blatt Papier zeichnet man Umrisse von Motiven, beispielsweise einer Blume, die man bekleben möchte. Diese werden anschließend vorsichtig mit Klebstoff bestrichen, den man kurz antrocknen lässt. Dann können ganz nach Belieben Hülsenfrüchte oder Reis aufgeklebt werden. Das Bild sollte gut eine Stunde lang austrocknen, ehe man es aufhängt.

Rubbelbilder

Man braucht:

getrocknete Blätter

Gräser

Baumrinde

Münzen

flache Schlüssel

Kordel

Papier

Kreppklebeband

Kreide oder Wachsmalstifte

Laub, Gräser, Rinden und Münzen, Schlüssel und Kordeln werden auf einem Tisch so verteilt, dass alles von einem Blatt Papier bedeckt werden kann. Die Ecken des Papiers werden mit Kreppklebeband auf dem Tisch festgeklebt. Mit verschiedenfarbigen Wachsmalstiften oder Kreide malt man flächig über die bedeckten Gegenstände, wobei darauf zu achten ist, dabei nicht zu fest aufzudrücken, weil sonst die Struktur der darunter liegenden Dinge nicht deutlich hervortreten kann.

Selbstporträts

Man braucht:
Buntstifte
Papier

Jeder kennt sein eigenes Gesicht, aber um ein Selbstporträt zu zeichnen, braucht man einen Spiegel, den man am besten gegen einen Stapel Bücher lehnt. Und dann heißt es genau hingucken und die charakteristischen Merkmale des Gesichts herausarbeiten: die Gesichtsform und -farbe, die der Augen, den Schwung der Brauen, der Lippen, den Haaransatz und die Wangenknochen.

Porträt-Scherenschnitt

ab 6 Jahren

Man braucht:
hellen Leuchtstrahler
weißes Tonpapier (DIN A3)
Kreppklebeband
Bleistift
schwarzes Tonpapier (DIN A3)
weiße Kreide
Schere

Dieses Spiel kann man am besten zu zweit spielen. Ein Kind setzt sich im Profil nahe an die Wand. Auf die andere Seite des Kindes stellt man einen Leuchtstrahler, sodass das Profil

83

des Kindes mitten im Lichtkegel ist und einen deutlichen Schatten an die Wand wirft.

Auf diesen Schatten wird weißes Tonpapier mit Kreppband an die Wand geklebt. Nun zeichnet das andere Kind die Konturen des Profils mit dem Bleistift auf das Papier. Das Papier wird wieder von der Wand gelöst und das Profil wird so genau wie möglich ausgeschnitten. Als Schablone legt man es auf das schwarze Tonpapier und schraffiert mit Kreide an den Rändern entlang. Wenn man die weiße Schablone nun abnimmt, sieht man auf dem schwarzen Papier deutlich den Umriss des Kopfes und schneidet diesen wiederum aus. Fertig ist der Scherenschnitt.

Experimentierecke

Warum ist der Spiegel beschlagen, wenn Papi morgens so lange duscht? Warum trocknet der Filzstift ein, wenn man vergisst, die Kappe aufzusetzen? Warum schmeckt die Milch so ekelig, wenn sie zu lange im Warmen gestanden hat? Warum, warum ... Besonders Kindergarten- und Vorschulkinder liegen einem ununterbrochen mit den typischen Warum-Fragen in den Ohren, die die Erwachsenen oftmals in einen argen Erklärungsnotstand bringen. Um den Wissensdurst der Kinder zu stillen, kann man gerade an Schmuddeltagen einige einfache Experimente mit ihnen durchführen. Gerade jüngere Kinder sind dafür besonders aufgeschlossen, vor allem wenn die Versuche wie Zauberkunststücke wirken. Mit großen Augen sehen sie staunend, wie eine Kerze ohne Pusten ausgehen kann, und möchten natürlich unbedingt wissen, warum das so ist. Dieses Interesse an naturwissenschaftlichen Dingen kann man ohne größeren Aufwand ganz leicht zu Hause befriedigen. Schulkinder können die Experimente auch ganz alleine durchführen.

Pfeffer scheuchen

Man stelle sich vor, die vielen kleinen Pfefferbrösel seien lauter Menschen und man selbst ein Riese, der die Menschen verscheucht. Dazu muss man Folgendes machen: Man füllt eine Schüssel mit kaltem Wasser und mahlt Pfeffer aus der Pfeffermühle auf die Wasseroberfläche. Dann gibt man einen Tropfen Spülmittel auf die Spitze des Zeigefingers und berührt damit leicht die Mitte der Wasseroberfläche. Und was kann man nun beobachten?

85

Kerzenflamme löschen

Wie kann man eine Kerze löschen? Ganz einfach, man pustet kräftig und schon erlischt die Flamme. Das stimmt natürlich, aber es gibt noch andere Methoden.

Eine Kerze wird angezündet. Bei Experimenten mit Feuer sollte vor allem bei kleineren Kindern immer ein Erwachsener dabei sein. Dann wird ein großes Glas mit der offenen Seite nach unten langsam über die Flamme gestülpt. Die Kerze wird ganz allmählich ausgehen. Das liegt daran, dass eine Kerze zum Brennen Sauerstoff benötigt. Hat sie nach einigen Minuten allen Sauerstoff im Glas verbrannt, verlöscht sie: je kleiner das Glas, umso schneller. Bei kleineren Kindern erklärt man das Ganze einfacher damit, dass die Luft verbraucht ist, die auch die Kerze benötigt, um brennen zu können.

Es gibt noch eine weitere Methode, eine Kerze zu löschen. Man verrührt Backpulver mit Essig. Dieses Gemisch fängt an wie Brause zu zischen und gleichzeitig entsteht ein Gas. Hält man die Kerze über das brodelnde Backpulver, wird sie ausgehen. Es wurde also kein Sauerstoff freigesetzt, sonst wäre die Kerze nicht ausgegangen, sondern ein Gas, das die Kerze löscht: Es heißt Kohlendioxid.

Gummibärchen können schwimmen

Ob Gummibärchen wirklich schwimmen können, ohne unterzugehen? Zwei Gummibärchen werden in eine leere Streichholzschachtel gelegt oder in Papier eingewickelt. Dann wird eine Glasschüssel mit kaltem Wasser gefüllt. Jetzt braucht man noch ein Glas, dessen Öffnung so groß ist, dass die Streichholzschachtel gut hineinpasst.

Jetzt kann das Experiment losgehen: Die Gummibärchen in der Streichholzschachtel oder in dem Papier werden auf die

Wasseroberfläche gelegt. Schnell stülpt man das Glas mit der Öffnung nach unten über die Bärchen und drückt es ins Wasser hinein. Dann hebt man es wieder ein wenig nach oben, lässt durch vorsichtiges Kippen des Glases etwas Luft an der Wasseroberfläche entweichen und drückt es erneut nach unten. Wenn man das Glas wieder ein wenig nach oben hebt, allerdings nicht so hoch, dass die Glasöffnung über die Wasseroberfläche ragt, kann man erkennen, dass der Wasserspiegel im Glas höher ist als der Wasserspiegel in der Schüssel. Und was machen die Gummibärchen? Sie schwimmen in ihrer Behausung auf der Wasseroberfläche des Glases. Es ist nämlich die Luft im Glas, die das Gummi-bärchenboot vor dem Untergehen schützt und an der Ober-fläche schwimmen lässt.

Das wandernde Ei

Wie kann ein Ei von einem Eierbecher zum anderen wan-dern, ohne dass man es mit den Fingern berührt? Ganz ein-fach: durch Luft. Man stellt zwei Eierbecher dicht nebenein-ander. Dann legt man ein Ei in einen der Eierbecher. Es darf jedoch nicht zu groß sein und muss sich in dem Eierbecher gut hin und her bewegen lassen. Dann pustet man kräftig von hinten gegen das Ei, bis es sich allmählich aus dem Eier-becher hebt und in den davor stehenden Eierbecher gleitet. Es ist euer Atem, den ihr wie ein Luftbett unter das Ei ge-pustet habt und der dafür sorgt, dass es angehoben wird und in den anderen Eierbecher hinüberwandert. Bei diesem Ex-periment darf man sich nicht entmutigen lassen, wenn es nicht auf Anhieb klappt. Vielleicht braucht man doch ein noch kleineres Ei, damit im Eierbecher genug Platz ist, dass die Luft unter das Ei gelangen kann.

Wasser steigt und sinkt

Ein hübsches Experiment mit steigendem und wie von Zauberhand wieder sinkendem Wasserspiegel geht wie folgt: Auf den Boden einer 4–5 cm hohen Schale wird mit Kerzenwachs oder ein wenig Knetgummi eine 6–7 cm lange Kerze geklebt. Dann füllt man Wasser bis zur halben Höhe der Kerze in die Schale. Das Wasser färbt man mit ein wenig Wasserfarbe ein. Nun wird die Kerze – bei jüngeren Kindern unter Aufsicht der Eltern – angezündet und ein großes Glas mit der Öffnung nach unten über die Flamme gestülpt. Jetzt steigt der Wasserspiegel in der Schale schlagartig an. In dem Moment, in dem die Kerze im Glas ausgeht, sinkt der Wasserspiegel jedoch wieder ein wenig.

Wasser gehäuft voll

Wie kann ein Glas »gehäuft voll« Wasser sein? Um das auszuprobieren, wird ein Glas randvoll mit Wasser gefüllt. Wie in dem vorangegangenen Experiment kann es wieder mit Wasserfarben gefärbt werden, damit das Ergebnis besser zu erkennen ist. Nun lässt man ein Geldstück nach dem anderen in das volle Glas hineingleiten und beobachtet dabei von der Seite den Wasserspiegel – er bleibt auf Höhe des Glasrandes. Es ist die Spannung der Wasseroberfläche, die quasi wie eine Haut das Überlaufen des Wassers verhindert, obwohl Volumen hinzukommt. Die Spannung der Wasseroberfläche hält nicht endlos. Ab einem gewissen Punkt gibt sie nach, die »Haut« reißt und das Wasser läuft über.

Sinnestäuschung

Auf ein Blatt Papier wird ein schwarzer Punkt gemalt. Das Kind legt das Papier nun vor sich auf den Tisch und versucht, mit der Spitze des Stiftes auf den Punkt zu zielen. Danach hält es sich mit der einen Hand ein Auge zu und versucht erneut mit dem Stift den Punkt zu treffen. Es wird den Punkt mit Sicherheit verfehlen. Warum? Mit einem Auge kann man nicht räumlich sehen und somit Entfernungen nicht abschätzen.

Singende Gläser

Ein Weinglas wird halb voll mit Wasser gefüllt. Mit der angefeuchteten Fingerspitze fährt man langsam den Glasrand entlang. Schon bald wird das Glas unmerklich in Schwingung geraten, wodurch ein Ton entsteht. Man kann mit unterschiedlichen Wasserständen unterschiedliche Töne erzeugen und sogar ein Lied spielen, wenn man die Gläser nebeneinander aufbaut.

Luftballonbett

Wie wäre es, auf Luftballons zu liegen, ohne dass sie platzen? Wer das herausfinden will, bläst eine ganze Menge Luftballons auf, verschließt sie mit einem Knoten und ordnet sie dicht aneinander in einen Bettbezug. Jetzt kann man sich vorsichtig darauflegen. Was passiert dann? Durch die Menge der Ballons wird der Druck gleichmäßig verteilt. Keine oder nur sehr wenige Luftballons werden platzen.

Klebende Luftballons

Durch diesen kleinen Trick werden die Luftballons der Kinder unter der Zimmerdecke kleben, wie die mit Gas gefüllten Ballons vom Jahrmarkt. Die Luftballons werden aufgeblasen und eine Weile an einem Wollpullover oder einer Wolldecke gerieben. Dann steigt man auf eine Leiter oder ein Hochbett und hält den Ballon unter die Zimmerdecke. Was passiert nun? Der Ballon wird an der Decke kleben bleiben, und zwar deshalb, weil er durch das Reiben an der Wolle elektrisch negativ aufgeladen wurde. Die Zimmerdecke aber hat eine ausgeglichene Zahl negativer und positiver Teilchen. Die positiven Teilchen ziehen wie bei einem Magneten die negativen an. Dadurch bleibt der Luftballon an der Decke haften.

Purzelnde Erbsen

Ein Wasserglas, das auf einem Teller steht, wird mit getrockneten Erbsen bis obenhin gefüllt und dann bis zum Rand mit Wasser aufgegossen. Was jetzt passiert, kann man hören und sehen: Über mehrere Stunden hinweg werden Erbsen herauspurzeln. Die getrockneten Erbsen saugen das Wasser auf, quellen, sodass sich das Volumen aller Erbsen im Glas vergrößert und einzelne nach und nach über den Rand rollen.

Phantommurmel

Der Mittelfinger wird mit dem Zeigefinger gekreuzt und eine Murmel zwischen den gekreuzten Fingerspitzen auf einer stabilen Unterlage hin und her gerollt. Und plötzlich spürt man zwei Murmeln. Dieses Phänomen entsteht durch eine Irreführung des Tastsinnes der Finger, die in dem Moment der Überkreuzung eintritt. Die eigentlich einander abgewandten Seiten der Finger liegen auf einmal nebeneinander und berühren die Murmel gleichzeitig. Jeder Finger gibt die Meldung an das Gehirn weiter, dass er die Murmel berührt. Das Gehirn berücksichtigt die Überkreuzung der Finger nicht und meint, dass es sich um zwei Murmeln handelt. Genau das gleiche Ergebnis bekommt man, wenn die gekreuzten Finger gleichzeitig die Nasenspitze reiben. Man hat das Gefühl, zwei Nasen zu haben.

Geldschleuder

Fünf 5-Cent-Stücke werden senkrecht in eine Reihe untereinander gelegt. Das vom Spieler aus erste wird etwas abge-
rückt und gegen die vier anderen geschnippt. Die vorderste
Münze in der Viererreihe wird abgestoßen. Schnippt man
zwei oder mehr Münzen gegen die Reihe, wird diese Anzahl abgestoßen. Das hier wirkende physikalische Gesetz be-
sagt, dass beim Aufeinanderprallen von Masse die gleiche
Masse abgestoßen wird.

Bewegungsspiele

Auch wenn man sich draußen im Moment nicht tüchtig austoben kann, gibt es dennoch genügend Möglichkeiten, sich in den eigenen vier Wänden Bewegung zu verschaffen. Natürlich dürfen dabei nicht die Wände wackeln und Bücherregale zum Einsturz gebracht werden, aber ins Schwitzen kann man dennoch geraten. Kinder müssen sich einmal täglich austoben dürfen, um wieder Spaß zu haben an ruhigeren Beschäftigungen. Stuhl- und Tischbeine werden zu niedrigen Tunneln, Sofapolster und Kissen zu Hürden, das Parkett im Kinderzimmer zum Dancefloor usw.

ab 3 Jahren

Hindernisparcours

Bei diesem Wettkampfspiel treten jeweils zwei Kinder gegeneinander an. Wenn die Eltern es erlauben, dürfen außer dem Kinderzimmer auch der Flur, das Wohnzimmer und das Schlafzimmer der Eltern mit einbezogen werden. Gemeinsam errichten die Kinder einen Parcours, auf dem verschiedene Aufgaben wie Sackhüpfen oder Eierlaufen bewältigt und Hindernisse überwunden werden müssen. Wie der Parcours im Einzelnen gestaltet wird, ist ganz der Fantasie überlassen. Hier nur einige Anregungen.

Hindernisse könnten sein: durch mehrere hintereinander aufgestellte Stühle kriechen; über Tische krabbeln; über Sofakissenhürden springen; Bockspringen über Hocker; zwischen Papierkörben und Zeitungsständern Slalom laufen usw.

Zwischen den einzelnen Stationen des Hindernislaufs müssen Geschicklichkeitsaufgaben bewältigt werden: im Froschgang hüpfen; Sackhüpfen in einer großen Mülltüte; Bälle in einen Eimer werfen; mit einem Kissen zwischen den Beinen um den Tisch herum hüpfen; eine Strecke auf Papptellern zurücklegen, indem man diese vor jeden Schritt setzt; Kartoffellaufen; mit zusammengebundenen Beinen im Gänsemarsch gehen usw.

Aerobic

ab 3 Jahren

Die neueste Lieblings-CD wird aufgelegt, Leggings und T-Shirts angezogen, und schon kann es im Kinder-Fitnessstudio losgehen. Manche Mutter ist schon aus Eigennutz sicher bereit, die Fitnesstrainerin für die Kinder zu spielen. Im Rhythmus zur Musik werden die erstaunlichen Gymnastikübungen und Schrittkombinationen aus der Welt des Aerobic nachgemacht.

Spiegelbild

ab 3 Jahren

Zwei Spieler stehen einander gegenüber. Einer macht Bewegungen mit allen Körperteilen vor. Der andere ist sein Spiegelbild und muss die Bewegungen gleichzeitig nachahmen.

Nicht den Boden berühren

ab 4 Jahren

In allen Kinderstuben ist das Spiel aus »Pippi Langstrumpf« bestens bekannt. Es geht vom Tisch über Stühle, die Sofalehne entlang, über Hocker, Fensterbretter, Betten und Wäschetruhen – alles ist erlaubt, nur den Boden darf man nicht berühren. Wem es dennoch passiert, der muss ein Kleidungsstück als Pfand ablegen.

Bockspringen

ab 4 Jahren

Für dieses Spiel braucht man einen längeren Flur oder ein größeres Zimmer. Die Kinder teilen sich in zwei Mannschaften auf und nehmen in zwei Reihen hintereinander Aufstellung. Auf das Startzeichen hin, das der Schiedsrichter gibt, bücken sich die beiden Kinder in vorderster Reihe, der Hintermann nimmt Anlauf, macht einen Bocksprung über den gebückten Vordermann und nimmt sofort dieselbe gebückte Haltung ein. Nun springen die Nächsten über die beiden Böcke vor ihnen usw. Das Spiel lässt sich genauso gut zu zweit spielen, wobei dann im Wechsel gebückt und gesprungen werden muss, bis die vereinbarte Ziellinie erreicht ist.

ab 4 Jahren

Schubkarrenlauf

Bei diesem Spiel liefern sich zwei Paare einen Wettkampf. Ein Spieler wird die »Schubkarre« und geht dazu in den Liegestütz. Jetzt ergreift der Partner die Fesseln oder die Schienbeine des andern. Auf ein Kommando hin laufen die Paare bis zur vereinbarten Ziellinie. Der Schubkarrenführer muss sich dem Tempo seines Partners anpassen, damit dieser nicht auf die Nase fällt.

Für größere Kinder kann man den Wettlauf schwieriger gestalten, indem die Schubkarre einen Ball vor sich her bewegen muss.

ab 5 Jahren

Hahnenkampf

Zwei Spieler nehmen jeweils auf einem Bein stehend einander gegenüber Aufstellung und verschränken die Arme vor der Brust. Auf ein Kommando hin versuchen sie auf einem Bein hüpfend den anderen anzurempeln, sodass dieser das Gleichgewicht durch Aufsetzen seines zweiten Fußes halten muss. Damit hat der Standhaftere das Spiel gewonnen.

Abklatschen

ab 6 Jahren

Zwei Spieler stellen sich mit gegrätschten Beinen einander gegenüber. Mit angewinkelten Armen zeigen die Handinnenflächen zum Partner. Auf ein Kommando hin versucht man durch kräftiges Klatschen gegen die Handflächen des Gegners, diesen aus dem Gleichgewicht zu bringen. Sobald einer von beiden seine Stellung verändern muss, um das Klatschen abzufangen, hat er verloren.

Fußdrücken

ab 6 Jahren

Zwei Spieler setzen sich so einander gegenüber auf den Boden, dass die Füße in der Luft schweben und die des Partners berühren können. Keiner von beiden darf sich mit den Händen am Boden abstützen. Auf ein Kommando hin versucht man mit Tritten gegen die Fußsohlen des anderen, diesen aus dem Gleichgewicht zu bringen. Sobald einer von beiden umfällt, hat der andere gewonnen. Dieses Spiel trainiert höchst effektiv die Bauchmuskulatur.

Scherensprung

ab 6 Jahren

Das ist ein Koordinationsspiel für mindestens zwei Spieler, das einige Geschicklichkeit erfordert. Einer von beiden setzt sich mit ausgestreckten Beinen auf den Boden. Der zweite Spieler stellt sich mit gegrätschten Beinen über die geschlossenen Beine des anderen. Auf ein Kommando hin öffnet der Sitzende seine Beine zur Grätsche, während der andere im Sprung die Beine schließt und zwischen den Beinen des anderen landet. Dies geschieht so lange, bis einer von beiden »Stopp« ruft.

Musikecke

Musik hebt die Stimmung, erst recht an trüben Tagen. Kinder lieben Gesang und haben, selbst wenn sie mit etwas ganz anderem beschäftigt sind, mit Malen oder Bauen, stets ein Liedchen auf den Lippen. Selbst Musik zu machen bereitet einfach Freude, nicht nur mit einem erlernten Instrument – es können auch ganz einfache, selbst gebastelte Instrumente sein, mit denen man neue Klänge und eingehende Rhythmen hervorzaubern kann. Natürlich darf es dabei auch etwas lauter zugehen, das lässt sich nun mal nicht vermeiden. Dafür trägt Musik aber auch erheblich zur Auslastung bei, besonders von Kindern, die ihre überschüssige Energie nicht draußen loswerden können.

ab 6 Jahren

Karaoke

Auch Schulkinder haben häufig schon Lieblinge in den Charts, deren Lieder sie aus Fernsehen oder Radio kennen. Und heute kann jeder zu Hause auch einmal ein Star sein. Besonderen Spaß macht es, durch Kleidung, Frisur und eventuell Make-up dem imitierten Star auch äußerlich zu ähneln. Dann wird die Kassette oder CD eingelegt und es kann losgehen mit Gesang und Tanz. Alle Zuschauer bilden die Jury. Einer der Juroren wird als Punktezähler ernannt. Im Anschluss an jeden Auftritt müssen ihm alle anderen ihre Punktewertung mitteilen, die dieser dann addiert. Haben alle Kinder ihren Karaokebeitrag geliefert, wird der Star des Abends mit der höchsten Punktzahl gekürt.

Hauskonzert

Für Tüftler eine Herausforderung: Instrumente aus Kartons, Haushaltsgummis, Nüssen, Eimern, Tüten und anderen Alltagsgegenständen herzustellen, die auch wirklich zum Klingen gebracht werden können.

Percussion-Ensemble
Man braucht:
leere Haushaltsgefäße aus den unterschiedlichsten Materialien (Gläser, Büchsen, Töpfe usw.)
Schlagstöcke (Stäbchen oder hölzerne Kochlöffel)

ab 3 Jahren

Die Gefäße werden so aufgestellt, dass sie einander nicht berühren und sie von den Kindern mit den Schlagstöcken bequem erreicht werden können. Ein bekannter oder improvisierter Rhythmus kann nun mit den verschiedenen Instrumenten begleitet und abgewandelt werden.

Schuhkartongitarre
Man braucht:
1 Schuhkarton
Schere oder Prickelnadel
lange Gummis

ab 4 Jahren

Aus einem Schuhkarton wird ein untertassengroßes Loch aus der Mitte des Deckels herausgeschnitten. Wer eine Prickelnadel hat, kann den Kreis auch herausprickeln. Dann spannt man Gummis um den Karton über das Loch und verknotet sie auf der Unterseite. Unterschiedliche Spannungen der Gummis erzeugen unterschiedliche Töne.

Eimertrommel

Man braucht:

1 Plastiktüte in der Größe der Eimeröffnung
1 Putzeimer
Holzkochlöffel
Kordel

Die Plastiktüte wird an den Nahtstellen aufgeschnitten und mit einer Kordel über den Eimerrand gespannt, sodass die Tüte gestrafft ist. Die Kochlöffel dienen als Schlagstöcke zum Trommeln.

Erbsenrasseln

Man braucht:

leere Deckelgefäße aller Art (Espressodosen, Konservendosen, Filmdosen, verschließbare Schachteln, Marmeladengläser, Plastikröhrchen von Vitamintabletten usw.)
Hülsenfrüchte aller Art (Erbsen, Linsen, Bohnen), Kaffeebohnen, Reis, groben Sand usw.

Man füllt alle leeren, verschließbaren Gefäße, die im Haushalt aufzutreiben sind, mit Hülsenfrüchten, Kaffeebohnen, Reis o. Ä. und verschließt sie danach fest. Durch leichte Schüttelbewegungen werden die schönsten Rasselgeräusche erzeugt, die bei jedem Lied den Rhythmus unterstreichen und Schwung hineinbringen.

Wasserflöten

Man braucht:
leere Weinflaschen
Wasser

Die Flaschen werden unterschiedlich hoch mit Wasser gefüllt und in einer Reihe dem Wasserstand nach geordnet
aufgestellt. Ein bisschen Übung braucht es allerdings, um
herauszufinden, mit welcher Mundstellung man der Flasche
einen Ton entlockt. Wenn man sich im Blasen geübt hat,
dann kann man sogar versuchen, ein Lied auf den Wasserflö-
ten zu spielen.

Nusskastagnetten

Man braucht:
1 Walnuss
1 DIN-A4-Blatt Pappe
Klebstoff
Schere

Die Nuss wird geknackt und der Kern vorsichtig herausgelöst, ohne dabei die Schalen zu zerbrechen. Von der Pappe
wird ein Streifen von etwa 16 x 5 cm abgeschnitten und in
der Mitte quer gefaltet. Die beiden Nussschalenhälften klebt
man innen knapp unter den Rand auf beide Hälften der gefalteten Pappe. Außen an der gefalteten Pappe wird jetzt auf
jeder Seite ein schmaler Pappstreifen befestigt (geklebt oder
eventuell sogar getackert), durch den man auf der einen
Seite den Daumen, auf der anderen die restlichen Finger
schieben kann. Durch das Öffnen und Schließen der Hand
klappern nun die Nusshälften im Rhythmus des Liedes
gegeneinander.

Nussschellen

Man braucht:

6 Walnüsse

Geschenkband

Klebstoff

1 Rundholz oder Holzstab

1 kurzen Nagel

Die Walnüsse werden vorsichtig geknackt, ohne dass sie dabei kaputt gehen. Die Nüsse werden aus den Schalen herausgelöst. Dabei ist darauf zu achten, die jeweils zusammengehörenden Nussschalenhälften nebeneinander zu legen. Das Geschenkband wird in 6 etwa 10 cm lange Teile geschnitten. Die Nussschalen werden am Rand der einen Hälfte mit Klebstoff bestrichen, ein Streifen Geschenkband wird darauf gelegt und die zweite Hälfte angedrückt, sodass die Nuss wieder geschlossen ist und das Geschenkband heraushängt. Wenn alle Nüsse auf diese Art zusammengeklebt sind und der Klebstoff angetrocknet ist, nagelt man die Enden der 6 Geschenkbandstreifen ans Ende des Rundholzes oder Holzstabes. Die Nussschelle ist nun fertig und kann ordentlich geschwungen werden.

Register

Samt und Seide 68

Gruppenspiele 73

Malen und Zeichnen 79

Experimentierecke 85

Bewegungsspiele 92

Musikecke 96

Nörgelnde Kinder auf dem Rücksitz?
Nie wieder!

Henriette Bunne
Annette Overkamp
Wann sind wir endlich da?!
111 Spiele und Geschichten
für lange Reisen mit Kindern
136 Seiten · broschiert
€ 9,90 (D) · sFr 18,90
ISBN 3-8218-3553-2

Reisen mit kleinen Kindern kann zur Tortur werden. Denn ganz egal, ob im Flugzeug, Zug oder Auto: Wenn sich die erste Aufregung gelegt hat und die letzte Milchschnitte verdrückt ist, geht die Geduld der Kinder zu Ende. Sie werden quengelig und rauben allen Mitreisenden den letzten Nerv. Es sei denn, sie bekommen eine faszinierende Beschäftigung. Ein Rätsel, eine spannende oder lustige Geschichte zum Vorlesen, ein Spiel.

Die besten dieser Reiseablenkungen präsentiert dieses Buch: von »Ich sehe was, was Du nicht siehst« über »Hellseher unterwegs« bis zum »Teekesselchen« und vielen anderen Logik-, Wort- und Fingerspielen.

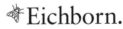

Eichborn.
Kaiserstraße 66
60329 Frankfurt
Telefon: 069 / 25 60 03-0
Fax: 069 / 25 60 03-30
www.eichborn.de

Wir schicken Ihnen gern ein Verlagsverzeichnis.

Gegen die
sonntägliche Langeweile!

Werner Kölbl
Verrückt spielen
113 Ideen, mit Kindern
einen Nachmittag zu verbringen
126 Seiten · gebunden
€ 9,90 (D) · sFr 19,–
ISBN 3-8218-3567-2

Alle Eltern kennen das Gefühl: Es ist Zeit da, es sind Kinder da,
aber es mangelt an Ideen. Den Zoo kennen die Kinder längst
auswendig, alle Filme sind geguckt und alle Spiele gespielt. Aber
haben Sie schon mal Ihre Garderobe von Ihren Kindern zusam-
menstellen lassen, ein Test-Essen bei Fastfood-Ketten veranstaltet,
einen ganzen Tag gelogen oder ein Iglu gebaut?

Mit diesem Feuerwerk origineller Vorschläge zum Zeitvertreib
mit Kindern hängen Sie die Glotze um Längen ab.

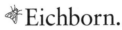Eichborn.
Kaiserstraße 66
60329 Frankfurt
Telefon: 069/25 60 03-0
Fax: 069/25 60 03-30
www.eichborn.de
Wir schicken Ihnen gern ein Verlagsverzeichnis.

Geisterfest, Piratenfest, Erdbeerfest – tolle Ideen für glänzende Kinderaugen

Heidrun Dahm
Aldidente Kinderparty
Schenken, backen,
kochen, spielen
108 Seiten · gebunden
€ 7,77 (D) · sFr 14,–
ISBN 3-8218-3564-8

Kindergeburtstage machen Spaß, bedeuten aber auch Arbeit, Stress und Kosten. Aldidente Kinderparty zeigt, wie auch ohne einen finanziellen und zeitlichen Kraftakt schöne und originelle Feste möglich sind: von ausgefallenen Geschenk- und Spielideen über leckere Torten und praktische Snacks bis zum kompletten Aldidente-Festtagsmenü – alles, was einen Kindergeburtstag zu einem unvergesslichen Erlebnis macht.

 Eichborn.
Kaiserstraße 66
60329 Frankfurt
Telefon: 069 / 25 60 03-0
Fax: 069 / 25 60 03-30
www.eichborn.de

Wir schicken Ihnen gern ein Verlagsverzeichnis.